자녀 신앙교육
다 잇슈 (Issue)

학교와 가정과 교회 자녀교육 Issue

황예찬 지음

예찬사

감사의 글

먼저 부족한 도구임에도 주님의 일을 하는데 불러주시고, 한참 모자란 사람인데도 사용해주시고 이렇게 빈틈이 많음에도 그간의 사역과 육아, 준비했던 말씀을 책으로 출판할 수 있도록 인도하신 하나님께 감사를 드립니다.

긴 시간 함께하며 사역자가 될 수 있도록 응원해주고 늘 보이지 않는 곳에서 자신의 많은 것을 포기하고 오늘도 섬겨주는 사랑하는 김수아에게 감사합니다. 때로는 사랑하는 여자친구로(?), 때로는 함께 육아와 신앙교육을 감당하는 동역자로, 든든한 지원군이 되어주어서 감사합니다.

귀하디 귀한 내 아들 황진유에게도 감사합니다. 부족한 아빠임에도 늘 좋아해주고 멋지게 잘 커가는 모습에 대견합니다. 교회에서만 뜬구름 잡지 않게, 가정에서도 함께 기독교 교육이 무엇인지 알아갈 기회를 주었습니다. 고맙습니다. 앞으로도 몸 건강히, 영적으로도 건강히 멋진 주님의 자녀가 되기를 축복합니다.

다른 재산이 아닌, 신앙의 귀한 유산을 물려주신 부모님과 장인 장모님께 감사합니다. 삶으로 신앙이 무엇인지 늘 보여주셨습니다. 하나님을 믿는다는 것이 어려움을 피하고 세상에서 성공하는 일이 아니라, 모든 상황 속에서 기도하고 감사하며 버텨내는 것임을 몸소 보이신 그 귀한 길에 늘 감동하며 존경합니다. 부모님의 기도로 제가 지금 이 자리에 있습니다.

6년의 시간을 함께 지냈던 모든 인성초등학교 식구들(아이들, 선생님들, 어머니 기도회)에게도 감사합니다. 제게는 참 보석 같은 시간이었습니다. 덕분에 행복했습니다. 많이 배웠습니다. 가까이 있지만 늘 그립습니다. 귀한 하나님의 놀이터를 계속 잘 이어가실 수 있기를 늘 기도하겠습니다.

마지막으로 인천제일교회에게 감사합니다. 담임목사님과 동료 사역자들, 그리고 늘 사랑으로 대해주시는 귀한 성도님들 진심으로 감사합니다. 부족한 부분이 많은데 늘 너그러이 대해주시고 함께 해주셨습니다. 덕분에 즐거이 사역하고 있습니다. 앞으로도 잘 부탁드립니다.

부족한 이 책을 하나님께 올려드립니다. 감사합니다.

추천의 글 1

〈"자녀 신앙교육 다 잇슈(Issue)"〉
인천제일교회 담임 류헌조 목사

한국교회가 위기에 처해 있고 다음 세대를 살리지 못하면 희망이 없다는 데 많은 이들이 공감하고 있을 것입니다.

이 책은 한국교회가 처한 다음 세대 사역의 현실을 정면으로 응시하면서, 동시에 희망의 메시지를 전하는 귀한 작품입니다.

이 책의 가장 큰 장점은 저자의 생생한 사역 경험과 깊이 있는 성경 해석이 자연스럽게 어우러져 있고, 교육 현장에 적용할 수 있는 실제적인 교훈과 통찰을 제공하고 있다는 점입니다.

저자는 초등학교 교목으로 오랫동안 학생들에게 성경을 가르치며 소통해 왔고, 현재는 지역교회의 교회학교 전체 디렉터로서 다음 세대 교육을 책임지고 있습니다.

기독교 교육 전공자이자 한 아이의 아빠이기도 한 저자는 아이들이 성장하며 겪는 신앙의 성장통 같은 잇슈들을 소개하며, 독자들로 하여금 말씀을 쉽고 재미있게 이해하며 기독교 교육의 기본기를 익히도록 돕고 있습니다. 참신하고 창의적이며 영감 있는 내용들로 가득합니다. 학부모, 교회학교 교사, 기독교 교사 등 다음 세대의 신앙 교육에 관심 있는 분들께 일독을 권합니다.

추천의 글 2

기독교학교교육연구소 이종철 박사 (장로회신학대학교 객원교수)

오늘 우리 교회는 다음 세대를 잃어가고 있다. 젊은 세대의 종교 인구는 급감하고 있으며, 자녀들이 성장 후 교회를 떠났다는 이야기가 곳곳에서 들려온다.

저자는 오랜 기간 기독교 학교 교목으로 섬기며 아이들과 소통한 이야기를 중심으로, 아이들의 신앙을 지키기 위해 가정과 교회, 학교가 함께 고민해야 할 이야기들을 전한다. 재미있게 읽히면서도, 깊은 통찰과 도전을 준다.

마지막에는 실천 과제와 기도문까지 소개하고 있어서, 꼭 한번 읽고, 함께 나눌 만한 책이다.

추천의 글 3

브리지 임팩트 대표 정평진 목사

'신앙생활'을 넘어 '생활신앙'으로 뿌리내리게 하는 가장 확실한 길은, 아이들이 매일 반복해 몸에 익힐 수 있는 거룩한 습관의 환경을 만들어 주는 일입니다.

「자녀신앙교육 다 잇슈(Issue)」는 그 환경을 실제로 어떻게 세울 수 있는지, 저자가 현장에서 고민하고 부딪치며 얻어 낸 경험과 통찰의 결과입니다.

이 책은 일상의 영역을 신앙의 훈련장으로 바꾸는 법을 구체적으로 안내합니다. 그리하여 지식·정보(Information) 전달식 신앙교육에서 신앙형성(Formation)의 교육으로 전환할 수 있도록 돕습니다.

무엇보다도 부모로 하여금 자녀들 앞에서 신앙의 본을 보일 때, 자녀들에게 신앙이 전수될 것이라는 확신이 책 전반에 따뜻하게 흐릅니다. 가정을 천국의 모델하우스로, 일상을 하나님의 역사로 바꿀 수 있도록 도와줄 「자녀신앙교육 다 잇슈(Issue)」를 기쁘게 추천합니다!

추천의 글 4

국민일보 종교부 손동준 기자

황예찬 목사는 기발하다. 복음을 위해서라면 기꺼이 허리를 숙여 아이들과 눈높이를 맞출 줄 아는 사역자다.

아이들과 보낸 보석 같은 순간을 성경 이야기와 함께 풀어내는 실력은 타의 추종을 불허한다.

그의 글은 현장의 언어로 복음을 새롭게 비추며 읽는 이로 하여금 고개를 끄덕이게 한다.

이 책은 부모와 교회가 다음 세대를 품는 길을 친근하면서도 깊이 있게 보여준다.

들어가는 글

"애들아, 너희들이랑 학교에서 지내면 하루하루가 참 대단하고 예상이 안 된다. 정신없으면서도 아주 재밌기도 해. 매일 있는 일들을 책으로 내면 한 트럭은 나오겠어!" 무심코 던진 이 한마디에 아이들이 대답한다. "그럼 책으로 내주세요!" 그렇게 아이들과 함께 걸었던 신앙교육의 드라마와 함께 책의 한 꼭지가 시작되었다.

또 다른 한 꼭지는 사랑하는 아이가 태어나면서 시작되었다. 하나님이 주신 귀한 최고의 선물을 하나님이 바라시는 대로 잘 키우고 싶었다. 기독교 교육을 전공하였고 어린이 사역자로 지냈지만 쉽지 않았다. 이론과 실제는 많이 달랐다. 주일에 다른 집 아이들의 신앙을 위해서는 최선을 다해 준비하고 가르치면서도 정작 바쁜 사역으로 인해 내 아이의 신앙에 대해서는 소홀한 면도 없지 않았다. '나도 어려운데 다른 이들은 얼마나 더 힘들겠어…?'라는 생각이 들며, 혼자가 아닌 함께 고민해야겠구나! 라는 생각이 들었다.

세상의 어떤 문제라도 그 해답은 말씀 속에 있다. 당연히 자녀 신앙교육에 대한 해답 또한 말씀 속에 분명히 있다. 물론 수학 공식처럼, 마법 주문처럼 A=B라는 식으로 답을 주시지는 않는다. 말씀을 들여다보며 교육적인 시각으로 바라보고 함께 고민하고 시도하고 결단하고 애써볼 때 그것은 글자가 아닌 주의 음성으로 다가오게 된다. 늘 읽는 말씀 본문이지만 교육적인 시각으로 함께 들여다보고자 했다. 이 책에 실어 놓은 12개의 말씀을 함께 묵상하고 살펴보는 것으로 끝나지 않고 다른 모든 말씀도 자녀 신앙교육의 관점에서 바라볼 수 있는 눈이 함께 길러지기를 소망한다.

차례

추천의 글 1	5
추천의 글 2	7
추천의 글 3	8
추천의 글 4	9
들어가는 글	10

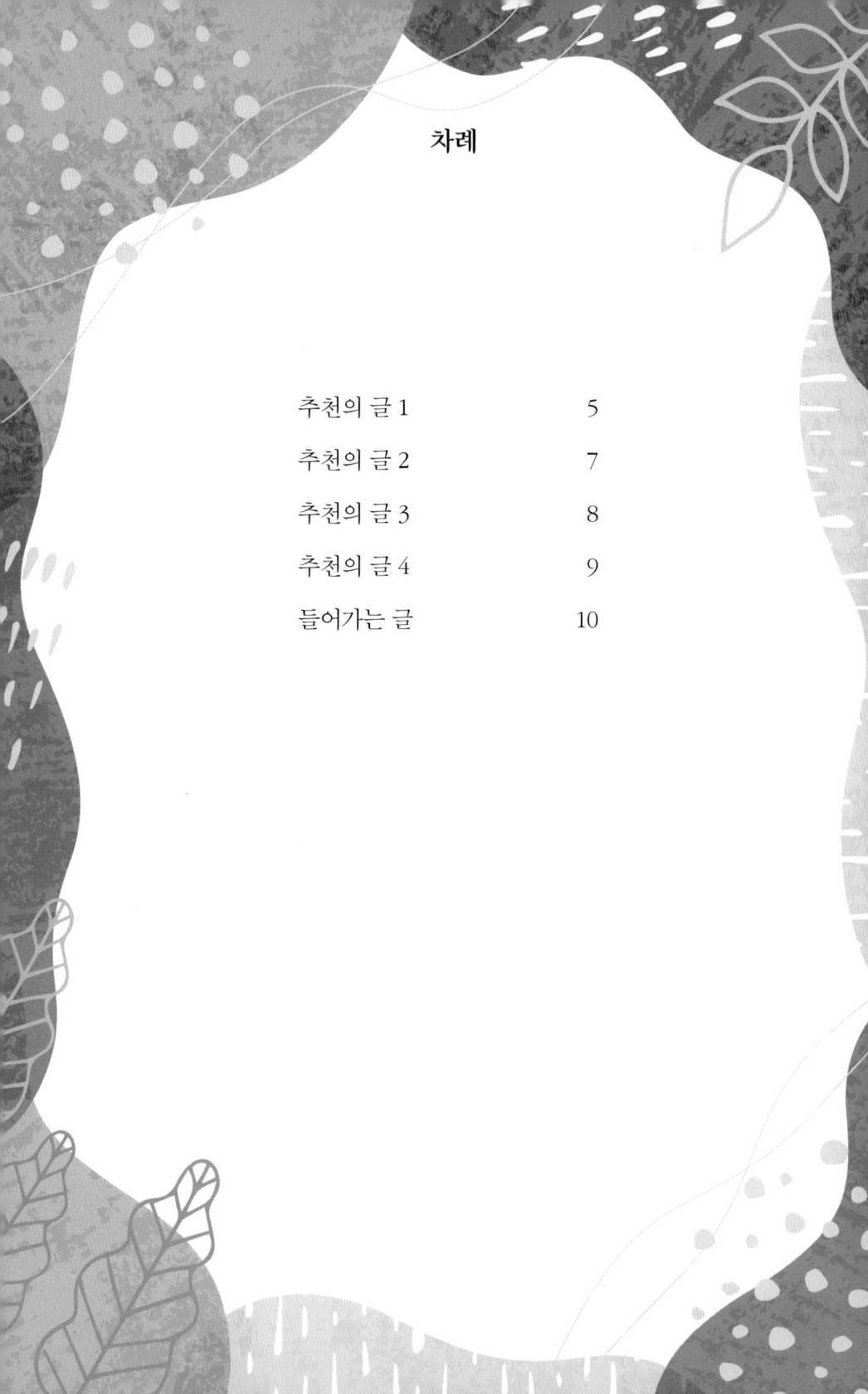

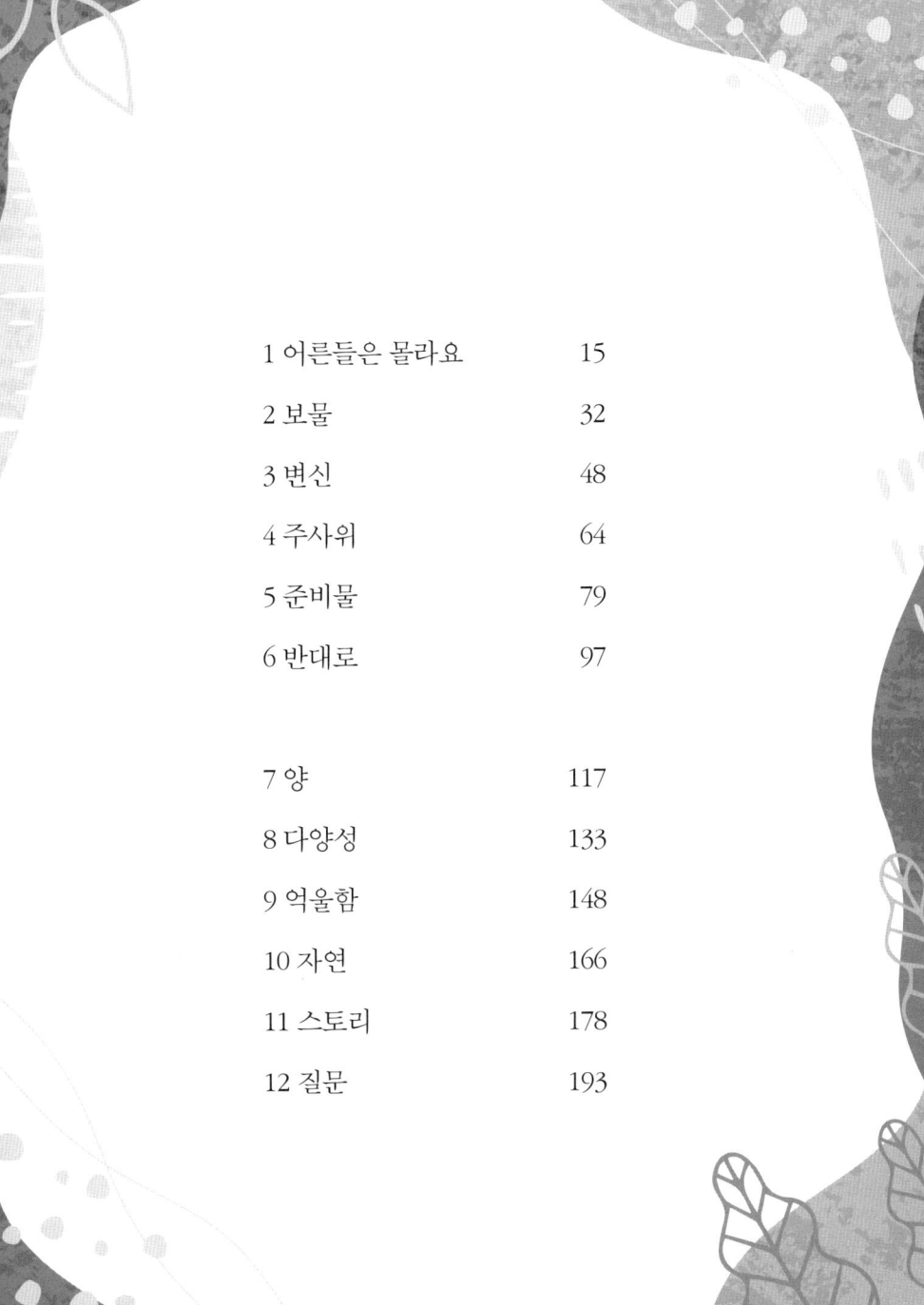

1 어른들은 몰라요	15
2 보물	32
3 변신	48
4 주사위	64
5 준비물	79
6 반대로	97
7 양	117
8 다양성	133
9 억울함	148
10 자연	166
11 스토리	178
12 질문	193

1
어른들은 몰라요

어릴 적 많이 듣고 부르던 동요가 있다.

"어른들은 몰라요" 그 가사는 이러하다.

> "우리가 무엇을 좋아하는지 어른들은 몰라요
> 우리가 무엇을 갖고 싶어 하는지 어른들은 몰라요
>
> 장난감만 사주면 그만인가요
> 예쁜 옷만 입혀주면 그만인가요
>
> 어른들은 몰라요 아무것도 몰라요
> 마음이 아파서 그러는 건데
> 어른들은 몰라요 아무것도 몰라요
> 알약이랑 물약이 소용 있나요
>
> 언제나 혼자이고 외로운 우리들을
> 따뜻하게 감싸주세요 사랑해 주세요"

이 동요, 얼마나 성경적(?)인가! 우리는 신앙의 다음 세대를 몰라도 너무 모른다. 물론, 동요에 나오는 가사처럼 아이들에게 장난감도 필요하고 예쁜 옷도 필요하다. 그와 더불어 신앙 교육적 측면에서 교회마다 아이들에게 많은 예산을 투입하는 것도 당연히 필요하고 아이들에게 맞는 좋은 프로그램의 도입도 필요하다. 좋은 예배 공간과 신앙교육 환경 마련도 너무 필요하다. 유능한 교회학교 교사를 세우는 일도 필요하다.

하지만 그것이 대안은 아니다. 그것을 제공하였다고 해서 노래 가사처럼 '그만'이라고 자부한다면 한국교회 다음 세대는 끝난 것으로 보아야 할지도 모른다. 우리의 자녀들이 교회를 떠나고 신앙에 더 이상 기대지 않는 이유는 "마음이 아파서"라고 할 수 있다.

사람이 아프면 병원에 가기 마련이다. 그런데 그것은 '적당히' 아플 때 이야기이다. 도리어 사람이 "너무" 아프면 스스로 병원에 갈 힘과 의지를 상실하게 되는데 오늘날 한국교회 다음 세대가 딱 그 상황이다. 아이들 스스로 하나님을 찾고 신앙으로 나아가기 어려워져버린 상황, 많이 아픈 상황이라고 할 수 있다.

노래의 가사처럼 '알약'도 '물약'도 듣지 않는 시대가 되었다. 아이들에게 적당한 충고나 적당한 물량 공세 따위로 회복되기는 어려워져 버렸다.

이제 다음 세대 자녀들을 위해 '적당히' 교육하는 시대는 끝내야 한다. 병원에 가서 약을 처방을 받는데 약이 듣지 않는다? 그럼 어떻게 해야 하는가? 다른 의사를 찾아가던가 듣지 않는 약과 다른 새로운 약을 써야 하지 않는가?

그런데 왜 우리는 계속 같은 방식으로 같은 약만 아이들에게 들이밀고 있는지 돌아보아야 한다. 아이들은 지금 많이 아프다. 우리는 움직여야 한다.

어린 시절 "어른들은 몰라요"

어릴 적 '어른들은 몰라요' 노래를 부모님 앞에서 일부러 실컷 부르곤 했다. 절반은 신나는 노래라서, 절반은 '좀 들으시라고'(?)

어린이였던 나는 무슨 생각인지 가사가 참 마음에 들었고 부모님이 듣고 아셔야겠다는 발칙한 생각을 했던 것 같다. 노래를 듣고 반성하여 나 좀 더 많이 놀아달라고, 왜 나와 함께 시간을 많이 안 보내주냐고 일종의 항의 차원에서 노래를 불렀다.

그 마음을 부모님도 아셨을까? 그 노래를 부를 때면 마지못해 같이 시간을 더 보내주시고 같이 놀았던 기억이 난다. 노래의 효과가 상당히 컸다.

하지만 부작용도 있었다. 같이 시간을 보내면서 장난스레 이야기 하셨다.

"그럼 노래대로 장난감이랑 예쁜 옷은 필요 없지?"

그럼 또 분통을 내며 "아니! 그 얘기가 아니고, 장난감도 사주고 옷이랑 신발도 사줘야 해!"라며 재밌는 논쟁을 이어가고는 했다. 그런 귀여운 논쟁을 할 수 있었다는 것 자체가 노래의 순기능이었겠다.

아버지는 직장생활을 하시다가 조금은 뒤늦게 신학을 시작하셨고, 내가 초등학교 학생이던 시절 그때 당시에 눈코 뜰 새 없이 바쁜 부교역자 생활을 시작하실 때였다. 당연히 아들을 놀아줄 시간도 없었고, 더더욱 장난감 사줄 돈은 하나도 없었을 것이다. 어린 나이이지만 우리 집에 돈이 없다는 것을 잘 눈치채고 있었다.

하지만 그럼에도 불구하고 난 불우한 어린 시절을 살지 않았다. 그 누구보다 행복한 가정에서 행복하게 잘 자랐다고 생각한다. (물론 친

구들이 소유한 장난감이 없고, 불빛 번쩍번쩍 나오는 캐릭터 신발을 가지지 못해서 좀 불만이기는 했으나)

바쁘신데도 불구하고, 가난한데도 불구하고 행복하다고 느낀 부분은 무엇일까? 짧지만 함께하는 순간만큼은 진심을 느꼈기 때문이다. 어린 내 눈에 비친 내 부모가 자랑스러웠기 때문이다. 또한, 짧은 순간이어도 많은 대화를 나누었으며 소유물이 아닌 하나의 인격체로 대우받았기 때문이었다. 사랑을 느꼈고 부족함 가운데에서도 최선의 사랑을 주고자 했던 부모의 마음을 받았기 때문일 것이다. 그것이 행복한 어린 시절의 밑거름이 되었다. (자녀를 사랑하지 않는 부모가 어디 있겠는가, 중요한 것은 그것이 잘 전달되는가이다)

오늘날 교회가 다음 세대를 향해 파고들어야 할 지점이 이곳이다. 많은 교회들이 사역으로 가득하여 바쁘다. 교역자도 바쁘다. 바빠도 너무 바쁘다. 재정적으로 어려운 교회도 있다. 아이들에게 작은 선물하나 건네주기 힘든 교회도 있을 것이다.

하지만 우리의 자녀들은 그보다도 먼저 필요한 것이 있다. 부모 세대의 (신앙적)관심, 부모 세대의 (신앙적)이해, 부모 세대의 (신앙적)사랑을 원한다. 문제는 그 사실을 어른들만 모른다.

과거 한국교회 교회학교는 간식과 재미난 프로그램으로 전도하고 부흥한 것처럼 보인다. 그렇지 않다. 먹는 것이 너무나 귀하던 시절에 세상은 마음껏 줄 수 없는 간식이라는 사랑의 표현으로 아이들에게 전달되었던 것이고, 산업화 시대에 아이들을 놀아주지 않던 어른들과 달리 재미난 프로그램을 함께 뒹굴며 사랑했기에 아이들이 반응했던 것이다. 중요한 것은 사랑이다.

다음 세대는 부모 세대를 통해 예수님의 사랑을 체험케 된다. 이 글을 읽는 당신이 다음 세대에게 예수님으로 찾아가야 한다.

성경 속 "어른들은 몰라요"

재밌게도 성경 속에도 "어른들은 몰라요"가 등장한다. 유년 시절의 예수님께서 엄마 마리아와 아빠 요셉에게 "어른들은 몰라요!"를 외치신다.

> "예수께서 이르시되 어찌하여 나를 찾으셨나이까? 내가 내 아버지 집에 있어야 될 줄을 알지 못하셨나이까 하시니 그 부모가 그가 하신 말씀을 깨닫지 못하더라"(눅 2:49-50).

유월절에 12살의 예수님과 그 부모가 함께 예루살렘으로 올라간다. 그리고 그날들을 마치고 돌아가게 되는데 예수님은 홀로 남아 예루살렘에 머무시게 된다. 그런데 아이를 챙겨야 하는 부모가 예수님을 챙기지 않고 그냥 길을 떠나버린다. 그리고는 한 시간도 아니고 자그마치 하룻길을 간 후에야 아이가 사라졌음을 깨닫게 된다.

(어찌 보면 참 담대한 부모다. 지금 아이를 키우는 아빠의 입장에서 핸드폰도 없이 하루 동안 내 아이가 안 보이는데 그러느니 갈 길을 가는 부모라니...)

이 모습을 보고자 하니 오늘날 한국교회 교회학교와 오버랩되는 듯하다. 아이는 여전히 제자리에 머물고 있는데, 그곳에 남아 궁금증을 더 해결하고 아이만의 신앙 숙제를 하고 있는데 부모는 저 멀리로 떠나버리는 상황이다. 아이의 상황과 눈높이는 고려하지 않은 채, 자신의 신앙 활동이 끝났다고 아이는 버려두고 자기들끼리 일상으로 복귀하고 있는 것이다.

오늘날 많은 신앙교육도 이와 비슷한 양상을 띤다. 아이의 심리상황과 세대 특징과 개인의 특성들을 고려하지 않은 채 어른들끼리 재빨리 신앙교육을 '해치우고' 싶어 한다.

여러 교회들의 부모들이 대 예배가 끝나면(사실 대 예배라고 부르고 싶지 않다. 하나님께 드리는 예배가 대 예배가 어디 있고, 소 예배가 어디 있나? 어른들의 예배는 대 예배, 아이들의 예배는 작은 예배인가?) 아이들 공과 공부도 끝나지 않았는데 부서실에 쳐들어와서 아이들을 데려가는 경우를 많이 목격했다. 고작 일주일에 겨우 한 시간을 신앙교육 하는데(예배까지 교육 시간으로 후하게 포함해줘서... 교육 시간이 아니라, 올려드리는 예배 시간으로 따지면 일주일에 많아야 20분 밖에 없다.) 그마저도 제대로 할 수가 없다. 데려가지 않더라도 문 앞에 서서 빨리 끝나길 재촉하는 것은 양반이다.

아이들의 주일예배와 공과는 어른 예배와 상관없이 '다' 끝날 때까지 충분히 주어져야 한다. 학교에서는 절대 이런 일이 없지 않은가? 학교에서 부모가 자기 스케줄로 인해 수업 도중에 교실에 와서 아이를 데려가지는 않는다. 왜 교회가 학교보다 못해야 하는가. 아이들은 그 순간을 경험하면서 신앙은 언제든 뒷전이 되어도 상관없는 존재로 여기게 된다.

때로는 내 아이가 하나님을 만나기를 원하는 것인지, 아니면 내 신앙적 갈증이나 부담감을 해소하는 동안 적당히 탁아를 해두고 그 짧은 시간 안에 적당한 신앙생활 적응자를 만들고 싶은 것인지 의문이 들 정도이다.

부서 안에서는 어떠한가? 교육활동을 제대로 따라오지 않는 아이들을 향해 왜 따라오지 않냐며 다그치기도 하고, 요즘 아이들은 어른 말을 안 듣는 다음 세대라 칭해버리고 만다.

간혹 어른들을 잘 따라와서 어른의 발걸음 박자에 잘 맞추고 있는 아이들을 향해서는 "잘하고 있다"고 말하며, 그 아이들의 신앙을 치켜세워준다. 칭찬은 고래도 춤추게 한다는데, 춤을 보고 싶어서 억지로 칭찬하는 것은 아닌가.

과연 어른의 박자에 소리 없이 따라가는 아이들이 잘하고 있는 것일까? 아무 말 없이 교회에 잘 출석하고 그럭저럭 교회에 적응하는 아이들이 바른길을 가고 있는 것일까? 그렇게 그럭저럭 잘하던 아이가 왜 중고등학생이 되면 갑자기 교회를 떠나버리는가? 그것이 단지 질풍노도의 시기에 급작스러운 심리변화는 아니다.

만약 어른의 요구에, 어른의 신앙생활 방식에 그대로 잘 따라오는 것이 신앙인 합격이라면, 그것이 기준이라면 아까 읽었던 본문에서 예수님은 낙제점을 받는 어린이가 된다.

그래도 본문에서 당연한 것이기도 하지만 참 다행인 구절이 있다. 45절의 "만나지 못하매 찾으면서 예루살렘에 돌아갔더니"이다.

부모가 조금은 늦었지만 아이를 잃어버렸다는 것을 자각했다. 그러면 부모의 다음 행동은 무엇이어야만 하는가? "찾으면서 돌아가는 것"이다. 아이가 없어졌는데도 그냥 계속 갈 길을 가는 부모는 부모가 아니다. 아이를 찾기 위해, 왔던 길을 되짚으며 아이를 찾아내야 한다. 아이를 찾는 방법은 처음 지점으로 되돌아가 아이가 머무르고 있는 곳을 향하는 것이다.

그런데 오늘날의 모습은 어떠한가? 아이를 (신앙적으로) 잃어버렸다는 것은 자각했으나, 황당하게도 찾지도 않을뿐더러, 충격적이게도 돌아가지 않는다는 것이다. 신앙을 가진 부모임에도 아이가 신앙을 잃어버렸고 하나님에 대한 신뢰를 잃었으며 방황하고 있는데도 불구하고 그 신앙을 되찾으려 하지 않는다는 것에 가장 큰 문제가 있다.

'언젠가는 다시 신앙을 회복하겠지'
'교회에서 전도사님, 목사님이 뭐라도 해주겠지'
'나중에 질풍노도의 시기가 끝나면 돌아오지 않을까'

아이를 잃어버려놓고 알아서 따라오겠지 생각하며 부모도, 교회 신앙공동체도 찾지 않고 그냥 계속 갈 길을 걸어간다.

찾으며 돌아가야 한다. 대학입시든 바쁜 일상이든 사역이든 일단 다 제쳐놓고 아이의 신앙회복을 위해 부모와 교회는 찾으며 돌아가야 한다. (교역자로서 때로는 다수를 챙기느라, 사역을 진행하느라 이 점에 최선을 다하지 못했던 적이 생각나 많이 부끄럽다.)

무엇이 방법인지, 아이를 어디서 찾을 수 있는지는 아이마다 다르다. 어디에 숨어있는지 알 수 없다. 하지만 분명한 것은 찾고자 하면 찾을 수 있다. "찾으라! 그리하면 찾아낼 것이요!"

그러한 애타는 마음, 간절한 마음, 사랑으로 되찾아주고자 하는 마음은 반드시 아이에게 전달될 것이며 부모와 아이는 보이지 않는 끈으로 연결되어 있기에 반드시 다시 찾아 만나게 될 것이다. 찾으러 떠나라. 그것이 기독교인 부모로서 제1의 사명이다.

읽었던 말씀의 46절을 보면 조금은 두려운 내용(?)이 등장한다. 분명 하룻길을 갔는데, 만나는 데에는 사흘이 걸렸다. 멀어진 시간보다 찾는 시간이 더 많이 걸린다는 뜻이다.

이틀 길을 갔다면 일주일이 걸렸을지도 모른다. 사흘을 갔다면…!? 이 내용은 두 가지를 시사한다. 하루라도 빨리 자녀의 신앙을 회복하기 위해 모든 것을 던지라는 것이다. 늦어지는 만큼 더 먼 길을 가야 한다.

또 한 가지는 애초에 헤어지지 않으면 편하다는 것이다. 아이의 신앙과 부모의 신앙이 멀어지지 않도록 아이를 평소에 사랑하며 가정 안에서 신앙교육을 철저히 하며 아이를 이해하고 대화하는 부모가 되어야 한다. 아이를 잃어버리지 않고 처음부터 예루살렘에 함께 더 머물렀다면 그 사흘 길은 고난의 시간이 아니라, 예루살렘에서의 행복한 휴가가 되었으리라.

46절의 후반부를 보면 예수님이 랍비들과 함께 앉아서 그들에게 듣기도 하고 묻기도 하는 장면이 등장한다. 47절에는 그 지혜와 대답을 놀랍게 여긴다. 우리는 이것을 보면서 예수님의 "신적인 능력"으로 보는 경향이 있다. 물론 없지는 않겠지만 과연 이 본문이 예수님의 신성을 나타내기 위함일까? 기록된 목적이 과연 신적인 모습을 나타내고자 적었을까?

진짜 신적인 능력을 보여주고자 했다면 굳이 이런 장면이 아니라, 멀리 떨어져 간 부모에게 텔레파시로 연락하여 돌아오게 하던가, 구름을 타고 예루살렘을 빠져나가는 장면을 만드시는 것이 더 효과적이었을 것이다.

그런 동화적인 장면이 아닐지라도, "어린 예수님은 랍비들과 대화를 나누지 않아도 모든 것을 통달하고 있었더라"라는 한 구절을 넣는 것이 더 신적으로 보일 것이다.

아무리 예수님이셔도 어린아이일 뿐이었다. 그런데 이러한 장면이 그려지는 것은 어린이의 '가능성'을 보여주는 것이라 보아야 한다. 늘 어른의 시각으로 아이를 바라보며 아이를 부족한 존재, 하찮은 존재, 신앙적으로 미완의 존재로 바라보는 시선을 거두라는 것이다.

아이들은 있는 모습 그 자체로 하나님의 형상이다. 미완의 형상이었는데 어른이 되며 완성이 되어가는 것이 아니라, 존재 자체로 처음 시작부터 하나님의 형상이다. 아이들은 충분히 성경적 사고를 할 수 있으며, 어른을 능가하는 하나님과의 친밀함을 가질 수 있는 존재다. 어른의 생각과 형식과 스타일로 아이들을 가두지 말아야 함을 보여주신다.

많은 신앙교육의 형태들이 성경 암기, 암송, 반복, 필사 등으로 이어질 때가 많다. 물론 그것들만의 힘이 있다. 해야 할 때도 있고 귀한 전통이기도 하다. 하지만 그것이 전부는 아니다. 우리 아이들의 무궁무진한 하나님 만남의 장을 축소 시키지 말아야 한다. 더 많은 다양한 상상력을 자극시키며, 대화를 통해 하나님을 알아가도록 하며, 다양한 방식의 활동과 접근을 해야 한다.

아이들을 만나면 만날수록 느끼는 것은 "아이들은 우주다"라는 사실이다. 늘 바라보는 어른의 기대보다 큰 것을 가지고 있다. 생각보다 넓은 하나님과의 접촉점을 가지고 있다. 좁은 것은 어른이지 결코 아이가 아니다. 어른은 그만 이야기하고 아이들이 이야기하게 하며, 펼치게 하는 것이 좋은 교육이다.

48절을 보면 아주 재밌는 이야기가 나온다.

"아이야 어찌하여 우리에게 이렇게 하였느냐"

마리아가 한 말이다. 왜 안 따라오고 부모를 근심하게 했냐는 것이다. 이것은 철저히 부모의 시각, 어른의 시각이다. 아이의 시각으로 바라보면 이 말은 부모가 아닌, 어린이 예수님이 하셔야 하는 말이다.

"부모님, 어찌하여 저에게 이렇게 하셨습니까?"라고 해야 하지 않는가?

부모가 되어서 아이를 내팽개치고 자기들끼리 길을 떠나놓고 아이 탓을 하고 있다.

오늘날 우리의 모습과 닮아있다. 어느 날 갑자기 신앙에서 멀어진 자녀에게 우리는 묻는다.

"너 안 그러더니 이제 와서 왜 그래?"

이 질문은 아이가 던져야 할 질문입니다.

"부모님, 어찌하여 저에게 이렇게 하셨습니까? 왜 이제 와서 찾으려 하십니까?"

같은 실수를 하는 우리가 되지 말아야 한다. 떨어지지 않고 함께하며 나아가는 책임은 아이에게 있는 것이 아니라, 부모에게 있다. 부모의 책임을 아이에게 전가하지 않길 소망한다. 또 나아가 하나님께 따지며 "왜 내 아이의 신앙을 붙들어주지 않으셨습니까!"라고 외치지 않길 바란다. 하나님이 이렇게 이야기하실지도 모른다.
"네가 먼저 떠나놓고 왜 나보고 그래?"

그래도 이 본문의 이야기가 해피엔딩이어서 참 다행이다. 마리아와 요셉은 어린 예수님의 행동과 신앙을 끝까지 100퍼센트 이해하지는 못했다. 하지만 중요한 것은 아이를 다시 만났다는 것이고, 그 아이의 이야기를 들어주었다는 것이다. 그랬기에 그들은 다시 한 가족이 되어 나사렛으로 향할 수 있었다.

그리고 아이를 다 이해하지는 못했을지라도 51절에 "그 어머니는 이 모든 말을 마음에 두니라"라는 말씀처럼 마음에 두고 그 아이를 다시는 놓치지 않겠노라 다짐하고 아이를 신앙으로 양육했다는 것이다.

"어른들은 몰라요"라고 외쳤던 예수님의 말에 여전히 어린이 예수님을 다 모르기는 하지만 찾아, 돌아가고, 만나고, 들어주고, 이해하기에 힘쓰며, 마음에 둔 그 부모는 부모로서 합격이었다. 그 결과가 52절에 나온다.
"예수는 지혜와 키가 자라가며 하나님과 사람에게 더욱 사랑스러워 가시더라"

부모 미션

1) 아이와 함께 "어른들은 몰라요" 노래를 듣고 불러보고 아이의 소감을 들어보자.

2) 아이에게 어릴 적 부모님 덕분에 가장 행복했던 경험을 들려주자.

3) 하루 정도는 시간을 내어 부모와 아이 역할을 바꾸어 어린이가 되어 보자.

4) 아이와 성경을 펴고 누가복음 2장 41~52절을 함께 읽어봅시다. 이왕이면 아이들이 읽기 편한 쉬운 성경, 혹은 새 번역 성경을 읽으라. 그리고 아이에게 예수님 입장에서 예수님이 왜 그 행동을 하셨을지 이야기를 들어보자.

5) 성경에 나오지 않지만 어린이 예수님의 모습은 어떠했을지 뻔하지 않은 '발칙한 상상'을 해보자. 말하기를 좋아하는 아이라면 말로, 그림 그리기를 좋아하는 아이라면 그림으로 표현하도록 해도 좋다. (ex: 예수님은 친구들이랑 어떤 장난을 쳤을지, 공부하기 싫어서 떼쓰지는 않았을지 등)

기도문

하나님 아버지,
우리에게 천하보다 귀한 사랑하는 자녀를 허락하시고
맡겨주심에 감사합니다.
늘 부족하여서 제 아이임에도 제 자녀를 잘 알지 못함을 고백합니다.

아이의 마음을 때로는 상하게도 하고, 내 욕심에 아이를 다그치기도 하고, 하나님이 바라시는 양육을 하지 못할 때도 있습니다.

주님,
우리에게 기독교적 양육을 감당할 수 있는 지혜를 허락하여 주옵소서.
아이의 신앙과 관련하여 방관하거나 포기하지 않는 마음을
허락하옵소서.
아이의 모습을 주님의 눈으로 바라보게 하시옵소서.

주님의 말씀을 마음에 두길 원합니다.
아이의 있는 모습 그대로를 마음에 두길 원합니다.
양육하는 그 귀한 시간 속에 주님께서 늘 동행하여 주옵소서.
예수님의 이름으로 기도드립니다. 아멘.

2
보물

 코로나 시절 줌으로 온라인 수업을 한창 진행했을 때의 이야기이다. 아이들이 각자 집에서 수업을 하니 집에 있는 물건을 찾아오라 하여 그 물건을 종종 수업자료로 사용하고는 했다. 한 번은 아이들에게 집에 있는 물건 중 각자에게 가장 소중한 '보물'을 화면에 비춰 보라고 했다.

 어떤 아이는 최신형 스마트폰을 화면에 비췄고, 게임을 좋아하는 아이는 플레이스테이션, 닌텐도를 비추기도 했다. 여자아이들은 좋아하는 아이돌의 사진이나 굿즈를 비추기도 하였고 상당수 아이들은 자기가 모아온 용돈 다발을 화면에 비추었다.

 그런데 그중에 어떤 한 아이가 평범에 보이는, 아니 많이 낡아 보이는 줄이 달린 이어폰을 화면에 비추었다.
 '오 나름 참신한데?'라고 생각하며 물었다.

"음악을 좋아해서 음악이 너의 보물이라고 생각한 거구나!?"
그런데 돌아오는 아이의 대답은 의외였다.
"저를 너무 아껴주고 사랑해 주었던 삼촌이 최근에 교통사고로 돌아가셨어요. 이 이어폰은 그 삼촌이 매일 음악을 들을 때 쓰시던 거예요. 삼촌이랑 저랑 여기저기 다니며 함께 한 쪽씩 나눠서 노래를 듣고는 했어요. 이 이어폰은 제가 평생 간직하며 쓸 거예요."

아이의 대답을 듣고 머리를 한 대 '텅!'하고 맞은 것 같았다. 이 아이에게 최신형, 최첨단, 초고가의 이어폰이 주어지더라도 이 이어폰은 대체될 수 있는 물건이 아니다. 왜냐하면 이 이어폰은 이제 이어폰이 아니라, 삼촌에 대한 추억, 삼촌 그 자체가 되었기 때문이다.

줌에서 20명가량의 동급생 아이들은 그 이야기를 들으며 순간 숙연해졌다. 모두 어느새 그 한 아이의 이야기를 귀 기울여 경청하고 있었다. 그리고 누구 하나라도 그 이어폰이 별로라고 하거나 보물이 아니라고 부정하지 않았다. 내 이어폰이 더 최신형이라고 자랑하지 않았다.

그 이어폰을 소개했던 아이는 잠시 삼촌 생각에 센치해졌었지만, 다시 자신의 귀에 이어폰을 끼우고는 화면에서 밝은 얼굴로 춤을 추며 놀기 시작했다. 큰 슬픔을 겪었었지만 아이는 여전히 삼촌과 함께하고 있었다.

이어폰은 슬픈 기억이 담겨있기도 하지만 엄청난 보물이었고 그래도 기억하도록 하는 특별한 매개체였다.

성경 속 "보물"

성경에 등장하는 최고의 보물은 무엇일까? 또 여러분의 보물은 무엇인가? 만약 하나님께서 오늘 '온라인 줌 모임'에 접속하셔서 여러분에게 아까 수업처럼 똑같이 명령하신다면 어떨 것 같은가?

"너의 삶 속에서 최고의 보물이라 생각하는 단 하나를 선택하여 화면에 비추라!"라고 한다면 무엇을 비추어야 할까?

여러 많은 아이들이 그랬던 것처럼, 돈을 비추고, 나의 가진 소유를 비추고, 내 가족들을 비추고, 내가 일구어온 커리어를 비추지 않을까 싶다. 나름 신앙인이라 입술로는 아니라고 말은 하지만, 조금은 가식적(?)으로 성경을 꺼내어 비춰야 하겠지..? 라고 생각하지만 우리 마음의 진심은 세상의 '그것'들이 내 보물이라고 말할 것이다.

하지만 우리가 보물이라고 내세우는 세상의 것들은 결코 보물이 될 수 없다. 보물은 시간이 지나도 값어치가 변하지 않아야 하는 것인데 내가 화면에 비추는 보물들은 변한다. 보물이라고 한다면 아까 한 아이의 이어폰처럼 다른 것으로 대체될 수 없어야 하는데 우리의 보물들은 대체품이 너무나도 많다. 내가 비춘 보물보다 다른 누군가가 더 좋은 물건을 화면 앞에서 비출 때 자존심이 상하고 부럽고 내 보물이 부끄러워지면 그것은 보물이라고 부르기가 어렵다.

오늘 우리들의 보물은 무엇인가? 성경 속 단연코 최고의 보물 '십자가'이어야 한다. 아까 이어폰이 그랬듯, 십자가는 최고의 나무가 아니다. 더 품질 좋은 나무는 세상에 널렸고, 더 아름다운 디자인의 조형물도 많다. 그보다 더 큰 나무도 많을 것이며, 더 아름다운 향기를 내는 나무도 넘칠 것이다.

그에 비해서 예수 그리스도의 십자가는 좋은 품질도 아니며, 피범벅이 되어 아름답지도 않다. 향기라고 하기에는 예수님의 땀 냄새와 피 냄새가 날 뿐이다.
"나무"라는 측면을 보자면 십자가는 보물이 아니다.

그러나 분명히 보물이다. 대체할 수 없기 때문이다. 그 아이에게 이어폰이 그랬듯 예수님의 십자가는 나무가 아닌, 당시 일반적으로 사용되던 형벌의 도구가 아닌, 우리에게 자신을 내어주신 은혜의 기억이자 앞으로 살아갈 힘이다. 우리 각자가 화면 앞에 내미는 보물이 이것이 아니게 되면, 다른 것이 내 최고의 보물이라고 말함과 동시에 기독교는 앙꼬 없는 찐빵이 되는 것이다.

그런데 오늘날 기독교는, 특히나 다음 세대를 교육함에 있어서 교회는 '앙꼬 없는 찐빵화'가 되었다. 더 이상 교회와 어른 세대는 아이들에게 십자가가 최고의 보물이라고 말하지 않는다.

나는 안 그런다고 말하고 싶은가? 물론 입술로는, 말로는, 설교로는 십자가가 보물이라고 여전히 외치지만 실제 아이들과 만나는 삶의 현장에서는 십자가를 대체할 수 있는 수많은 보물에 대해 말하기 바쁘다.

가정에서는 식탁에서 자연스레 보물인 십자가를 이야기하는 시간보다 학교 공부와 성적에 대해 더 많은 이야기 시간을 할애한다. 가야 할 대학에 대해 더 많이 이야기한다.
"십자가가 없으면 망한다!"라고 이야기하기보다는 "너 공부 안 하면 나중에 고생한다!"라는 이야기를 수십, 수백 배는 더 많이 아이들에게 말한다.

어른들의 가장 많은 대화 주제는 무엇인가? 건강이 최고의 보물이라고 말하고, 주식이 폭락했다는 한탄을 하기 바쁘고, 부동산에 대해 이야기하기 바쁘다. 사회에서뿐만 아니라, 교회 친교 시간에도 대화 주제는 지극히 세상을 향해 있다.

"십자가만 있으면 사는 데 지장 없다!"라고 말하고 삶을 살아내는 모습을 부모 세대가 보이기보다는 "돈만 있으면 사는 데 지장 없다!"라고 모습을 자녀들에게 보여주고 있다. 가슴에 손을 얹고 돌아보자.

아이들의 신앙 그 자체가 바로 서는 것을 간절히 원하고 아이의 삶이 십자가와 함께하도록 하기 위해서 기도하는 부모는 보이지 않는다. 반면에 평소에는 기도 때에 잘 보이지도 않다가 수능 기도회를 하면 정말 많은 할머니부터 부모님들까지 모여 우리 아이 좋은 대학 가게 해달라고 모여 기도하는 모습을 보게 된다. (물론 그 간절함을 부정하는 것은 아니다. 이 시간마저도 아예 안 나오고 기도 안 하는 것보다는 백배 천배 낫긴 하다고 생각한다.)

교회에서는 보이지도 않던 아이들의 이름을 제출하여 좋은 학벌 얻기를 애쓴다. 십자가가 보물인 걸까? 대학이 보물인 걸까?

예수가 보물이 아니라, 예수를 통해 세상 보물을 얻고자 너무나 많은 힘을 쓰고 있다.

겉으로는 열심히 신앙생활을 하는 것 같아 보이지만 예수보다는 다른 보물을 더 많이 이야기한다. 예수님을 찾고 기도하는 이유마저도 "내 보물을 지켜주소서"라는 기도가 아닌지 우리는 돌아보아야 한다.

아이들은 우리들의 그 모습을 하나하나 모두 다 지켜보고 있다. 아이들은 바보가 아니다. 유치부 아이들도 우리 엄마 아빠가 무엇을 소중히 여기는지 확실히 안다.

우리의 말과 행위가 일치되지 않으면 아이들은 십자가를 보물로 여기지 않게 된다. 아이들은 말보다는 어른들의 뒷모습을 보고 자람을 기억해야 한다.

그렇다면 십자가가 보물인 삶, 십자가를 내 보물로 두고 살아가는 삶이란 무엇일까? 어떻게 살아가는 것일까? 바울은 자기 자신의 최고 보물이 십자가라고 고백했다.

"그러나 내게는 우리 주 예수 그리스도의 십자가 외에 결코 자랑할 것이 없으니 그리스도로 말미암아 세상이 나를 대하여 십자가에 못 박히고 내가 또한 세상을 대하여 그러하니라"(갈 6:14)

십자가가 보물이라고 생각하는 삶은 놀랍게도 그것을 사용하여 세상에서 잘 먹고 잘 사는 삶이 아니다. 바울은 자기 자신도 십자가에 못 박힌 삶을 살겠노라고 말한다. 그리고 그렇게 살았다.

바울은 그 누구보다 많은 보물을 갖고 있던 사람이었다. 좋은 학벌을 가졌고, 좋은 혈통을 가졌고, 좋은 직업을 가졌던 사람이었다. 게다가 '열심'도 둘째가라면 서럽던 사람이지 않았는가. 그런데 그가 변화한다. 십자가를 보물로 여긴 그의 삶은 180도 뒤바뀐 삶이 되었다.

남을 죽이고 짓밟고 더 높은 곳에 서기 애쓰던 그는 남을 살리고 남을 섬기며 남 아래에 가기에 힘쓰는 자가 된다. 자신의 방대한 지식을 자기 자신의 의를 위해 쓰는 것이 아니라, 도리어 그것은 감추고 예수 그리스도의 놀라운 은혜를 선포하는데 애쓰는 삶을 살아낸다. 그가 가진 전문적 천막 기술은 자기의 배를 채우는 도구로 사용되지 않고 선교적 도구로 변화되어 하나님 나라를 위해 쓰이게 된다.

칭찬받아 마땅하고 치켜세움을 받아 마땅한 그는 겸손하게 자신이 아닌 십자가 예수 덕분이라고만 이야기한다. 이것이 십자가를 보물로 둔 삶이다.

오늘 한국교회 다음 세대의 해법은 무엇일까? 수많은 보물을 교회에 가져와서 아이들에게 뿌리는 것일까? 세상 보물을 많이 획득해가는 아이들로 가르치고 훈련 시키는 것일까?

다음 세대의 해법은 지금 세대에 있다. 지금 세대가 말로만이 아닌, 진짜로 그리스도의 십자가를 보물로 두고 그것을 자랑할 때에 답이 있다.

그렇다면, 지금 여러분의 보물은 무엇입니까!

아들의 보물

아들이 말도 잘하지 못하던 시절에 질문을 한 적이 있다.
"아들아~ 넌 세상에서 뭐가 제일 소중해?"
질문에는 다분히 의도가 있었다.
"엄마!" 혹은 "아빠!"라는 대답이 돌아올 줄 알았는데 아이의 대답은 이러했다.

"맘마!"
대답을 듣고 우리 부부는 한참을 웃었던 기억이 난다.

질문을 제대로 알아듣고 대답한 것인지, 그냥 그 순간 배가 고파서 대답한 것인지는 잘 모르겠지만, 의도하지 않았으나 아이는 그 순간에 맘마를 원했다. 어쩌면 엄마 아빠는 너무나 당연한 존재이고 바로 눈앞에 늘 있으니 보물이라고 생각하지 않았을지도, 원래 있는 존재라고 생각했을 것이다.

어느 부모도 어린 내 자녀가 "맘마"라고 대답했다고 분노하고 왜 내가 최고의 보물이 아니냐며, 나는 네가 제일 소중한데 너는 나를 소중히 여기지 않느냐며 다그칠 부모는 없을 것이다. 그저 대답을 듣고 웃으며 먹일 수 있는 최고의 "맘마"를 준비해줄 것이다. 그것이 부모이기 때문에. 우리 하나님의 마음도 비슷하시지 않을까 상상해본다.

그리고 이제 훌쩍 자라서 3학년이 되는 아들한테 다시 똑같은 질문을 던졌다.
"네 보물은 뭐니?"
어른의 마음으로 그 답이 "십자가" 혹은 "예수님"이 나오기를 조금은 바랬지만 그것은 부모의 바람일 뿐이다. 목사의 아들이어도 여느 아이들과 다르지 않았다. 아이의 대답은 이러했다.

"닌텐도(nintendo)!"
초등학교 1학년 때까지 스마트폰과 TV 등 거의 모든 미디어를 보여주지 않고 차단한 채 거의 책으로만 아이를 양육해 왔었다. 그랬다가 정말 큰마음을 먹고 아이에게 미디어의 문을 조금 열어주었다. (무분별한 유튜브보다는 낫다고 판단해서, 스마트폰도 사주지 않았고 유튜브도 전혀 시청하지 않도록 지도하고 있다.)

대신, 혼자서 마음대로 할 수는 없고 엄마 아빠와 동석한 자리에서 같이할 때만 하는 것으로. 게임 종류도 폭력적인 것은 금지하고 함께 마을을 만들어가는 '모동숲(모여봐요 동물의 숲)'과 스포츠 게임 정도만 허용했다.

그랬더니 아이가 참 좋아한다. 미디어를 접하지 않다가 접하니 더더욱 기뻐하고 몰입한다. 하지만 미디어를 제공하며 아이를 방치하지는 않고 있다. 그 자리에 우리 부모는 늘 함께하고 있다. 무엇을 하느냐도 물론 너무 중요하지만 누구와 함께하는가가 더 중요하지 않을까라고 느꼈다.

세상의 것을 모두 차단할 수 없고, 아이의 고백에서 늘 '홀리(holy)'한 것이 나올 수 없다. (아이가 늘 홀리한 것도 정상은 아니라고 생각한다. 아이는 아이다워야! 아이도 사람이다.)

하지만 세상적일지라도 일상의 기쁨 속에서 부모가 늘 같이 함께하고, 같이 그 주제로 대화를 나눌 수 있고, 어쩌면 하나님과 전혀 상관없어 보이는 그 게임 시간 속에서도 하나님의 존재를 인식시켜주는 것, 부모가 동행하고 있다는 것을 알도록 하는 것이 중요하지 않을까 아내와 함께 고민했다.

어린 아기는 "맘마!"라고 외쳤지만 그것을 주는 이가 부모라는 것을 아이는 안다. 그리고 부모는 그 맘마를 먹일 때 하나님께 감사기도를 하며 그것을 전달한다.

"닌텐도!"라고 외치지만 아이는 단순히 '게임기'를 좋아하는 것을 넘어서 부모와 함께 웃고 노는 그 순간을 보물로 삼게 되기를 소망한다. 혼자보다 함께할 때에 더 기쁘도록 만들어 주어야 한다. 그리고 이 사랑하는 가족을 가족으로 묶어주신 분이 하나님인 것을 인식시키기 위해 애써야 한다. 어린 아기에게는 식사 기도를 가르치며 하나님을 인식시켜야 하는데, 초등학생이 되면 어쩌면 식사 기도 다음 단계인, 게임 감사기도가 필요하다고 생각한다.

"하나님! 우리 가족이 한자리에 모여 즐거운 게임을 하고 행복한 시간을 갖게 하시니 감사합니다. 이 순간에도 우리와 함께하셨고 우리와 함께 웃으셨을 거라 믿습니다."

악한 주제와 스토리, 폭력성이 가득한 게임이 아니라면, 우리 주님도 오늘날 오신다면 아이들과 신나게 게임 한 판 하시지 않을까? 재밌는 상상을 해본다.

그러던 중 아이가 어느 날은 잠을 자고 꿈을 꾸고 일어나서 말했다.
"나 게임 꿈꿨어요."
그 이야기를 듣고는 요새 미디어 중독이 큰일인데 우리 아이도 위험한 건가 걱정하던 찰나에 이야기한다.

"예수님이랑 게임 하는 꿈."
놀라운 대답이었다. 그리고 다행이라고 생각했다. 게임 꿈은 별로인데, 이왕 꿈을 꿀 것이라면 예수님이랑 하는 것이 낫지 않겠는가?

다시 돌아와서, 아이의 세상 보물은 변할 것이다. 맘마에서 닌텐도로 변했고, 조금 있으면 닌텐도에서 또래 친구로 변할 것이다. 조금 더 지나면 또래 친구에서 학벌이나 지식이 될 수도 있다. 또 그 지식에서 사랑하는 연인으로 변할 것이다. 혹은 자신의 커리어(career)가 보물이 되기도 할 것이고, 새로이 언젠가 꾸릴 자신의 가정이 보물이 될 것이다. 돈을 쫓아가는 시기도 있을 것이다.

그 보물들, 솔직히 다 필요하다. 하지만 "나의 보물!"이라고 입술로 외치지 않아도 진짜 최고의 보물은 그 모든 보물을 주신 이가 하나님이라는 것을 기억했으면 좋겠다.

또 그 모든 보물은 결국 사라지지만 나를 사랑하시고 구원하신 그 십자가는 사라지지 않는 것임을 알았으면 좋겠다. 목사가 아닌 여러 모로 부족한 기독 부모 중 하나로서 나의 소망은 내 사랑하는 아들이 그렇게 십자가를 평생 놓치지 않고 간직하는 것이다.

아이의 보물을 빼앗으려 하지 말고 그 보물을 주신 하나님을 보여주면 어떨까! 오늘은 아이랑 와이프랑, 그리고 예수님과 게임 한 판 즐겨야겠다.

부모 미션

1) 각자의 보물 1, 2, 3위 물건을 아이와 함께 가져와 보거나 맞추기 놀이를 진행하라.

2) 신약성경(개역개정)에 총 5개의 '보물'이라는 단어가 등장한다. 성경 속 보물(단어)찾기 게임을 진행해보라. 추가로 '보물'이라는 단어는 아니지만 보물처럼 느껴지는 단어들을 찾아서 이유를 서로 말해보아도 좋다.

3) 아이가 제일 좋아하는 활동이나 게임을 같이 하라. 지루해도 끝까지 자리를 지켜서 함께하라. 그리고 그 시작과 끝에 하나님께 감사의 기도를 드리라.

기도문

존귀하신 하나님 아버지,
먼저 내 1순위 보물이 주님이 아니었음을 먼저 돌아보며
회개합니다.
내 삶의 주인이 되어주시고 입술만의 고백이 아닌,
삶의 실천으로 주님이 나의 최고이심을 드러내게 하여 주옵소서.

사랑하는 나의 자녀 또한 주님을 가장 사랑하는 아이로
자라기를 소망합니다.
세상의 썩어지고 없어질 것들에 매달리지 않고 영원히 변하지 않는
가치가 되시는 복음의 십자가를 붙드는 자녀들 되게 하여
주시옵소서.
세상의 많은 필요한 것들이 있는데, 치우치지 않을 만큼
적당한 복을 허락해 주옵소서.
세상의 필요한 것들 안에서도 주님의 은혜를 발견하게 하시고
세상 사람들과 다르게 사용하고 다르게 바라보는
믿음의 자녀들로 세워주시옵소서.
예수님의 이름으로 기도드립니다. 아멘.

3
변신

프란츠 카프카의 소설 "변신"이라는 작품을 재미있게 읽었다. 소설에서 주인공은 어느 날 갑자기 자고 일어났더니 "벌레"가 되어있었다.

처음에는 안타까워하던 가족들이 등을 돌리게 되고, 처음에는 그 생활에 어려움을 겪던 이들이 아무렇지 않은 듯 적응해버리기 시작한다. 그리고 여러 일들이 있은 후 결국에는 벌레가 된 주인공이 죽음을 맞이한다. 그러나 가족들은 슬퍼하기는커녕 집안을 차지하고 있던 커다란 벌레 한 마리가 사라져버려 오히려 속 시원해하는 이야기이다.

그러다가 뉴스에서 한 기사를 보게 되었는데 "변신"이라는 소설을 연상시키는 놀이가 청년들의 SNS에 약간의 유행을 타게 된 것이다. (몇 해 전)

부모에게 카톡이나 문자를 보내는 놀이이다. 이렇게 써서 말이다.
"엄마, 아빠! 내가 만약 내일 바퀴벌레가 되어 앞에 나타난다면 어떻게 할 거야?"

뭐 이런 싱거운 장난이 다 있나 싶겠지만, 사실 요즘을 살아가는 청년들의 마음을 대변하는 한 문장이다. 취업에서 낙방하고, 결혼 적령기가 지나가는데 만나는 사람조차 없고, 모아둔 재산도 없고, 성인이 되었으나 여전히 부모님 집에 얹혀살며 부모님 도움 없이는 생활 유지가 되지 않는 청년들.

스스로를 어쩌면 진짜 벌레처럼 생각하며 살아가는 이들의 문자 내용이다. 쓰디쓴 현실 속에서 나름 웃어보려고 문자를 보내지만 실은 확인받고 싶은 것이다.
"벌레여도 사랑한다고... 너는 벌레가 아니라고..."
그 이야기를 듣고 싶어서 보내는 것이 분명하다.

이 문자를 받은 부모들의 유형이 다양하다고 했다. 어떤 부모는 이렇게 답한다.
"쓸데없는 소리 하지 마라!"
허구적인 상황에 공감이 되지 않는 MBTI 유형 중에 T유형에 가까워 보인다.

이런 유형도 있다.

"이미 네 방 꼬라지를 보니 이미 벌레 아니냐? 시끄럽고 빨리 집에 와서 밥이나 먹어!"

얼핏 보면 자녀에게 상처가 되는 막말을 하는 것 같지만 이 또한 사랑이 묻어 있다. 독설을 날리지만 네가 벌레여도 여전히 사랑한다는 말이고, 늦은 시간까지 밥도 못 챙겨 먹고 공부하거나 아르바이트를 하는 자녀가 걱정되는 부모 유형이다. 흔히 말하는 '츤데레 유형'이라고 할 수 있을 것이다.

또 다른 유형도 있다. "너를 위해 나도 바퀴벌레가 될게. 우리 행복한 벌레 가족이 되자!" 아주 감동적이기도 하면서 약간은 오글거리는 부모 유형이다.

그런데 문득 이런 생각이 든다. 저 문자를 보낼 수 있는 것 자체가, 문자를 주고, 받고, 물을 수 있는 부모가 있는 자체가 복이라는 것이다.

필자도 그런 적이 있었다. 신학교 학부를 졸업하고 다음 코스인 신대원을 가야 했었다. 지금이야 목사가 되려는 사람이 너무나도 줄어들어, 경쟁률도 떨어지고 들어가는 관문이 그렇게 힘들지 않다고 들 하지만 예전에는 지금만큼 쉽지는 않았었다. 힘든 시험을 통과해야 했다.

그런데 신학교 학부를 졸업한 사람들에게는 '특차'제도가 있어서 일정 학점 이상을 받으면 시험을 치르지 않고도 갈 수 있는 좋은 제도가 있었다. 하지만 필자는 신학교에 잘 적응하지 못하고 공부도 열심히 하지 못했던 터라 그 좋은 제도를 이용하지 못하게 되었다.

결국, 일반대생처럼 시험을 쳐서 들어가야 하는데, 남들은 한 번, 많아도 두 번 정도면 열심히 하여 신대원에 입학을 했었다.

슬프게도 나는 그것의 배의 시간이 걸렸다. 20대 중후반의 시기에, 가장 빠르고 생기 넘치고 발전해야 할 시간에 멈춰 선 것 같았다. 동기와 후배들에게도 뒤처지는 느낌이었고, 집에서는 재촉하지는 않았지만 스스로가 무능한 벌레라고 느껴지기까지 했다.

게다가, 다른 일반 직장을 얻으려는 취업전선도 아니고 하나님 일을 하겠다고, 목사가 되겠다고 마음먹고 가려는데 그 길이 계속 막히니… 한편으로는 하나님도 나 같은 사람은 굳이 쓰지 않아도 된다고 생각하시는 걸까? 오지 말라는 뜻은 아닐까? 라는 생각도 들었다.

지금은 아내가 된 당시 여자친구에게도 몹시 미안했다. 점점 혼기가 차가는데, 통장 잔액은 백만 원도 없지. 시험에 3번이나 낙방하지. 집안도 가난하지. 여자친구는 사랑으로 열심히 응원해주었지만 미안한 마음에, 또 낮아진 자존감 덕에 헤어질 위기에도 처하게 되었었다.

아마도 이때 먼저 그 길을 갔던 목회자 아버지가 없었더라면, 매일매일 벌레가 아닌 세상 귀한 훌륭한 아들로 대해주는 어머니가 없었더라면, 낮은 자존감의 남자친구이지만 온갖 투정을 다 받아주며 계속 응원해주었던 여자친구가 없었다면 중도 포기를 했을 것이다.

그때 문득, 기도하며 이 사람들을 보내시고 내 곁에 허락하신 이가 하나님이라는 생각이 스쳤다. 거듭되는 낙방이 실패가 아니고, 뒤처지는 시간이 아니고 그간 발견하지 못했던 은혜를 발견하는 시간임을 깨닫게 되었다.

'목사'가 되어야 한다는 강박에서 벗어날 수 있었다. 하나님은 나를 목사나 교회 사역의 부품으로 부르신 것이 아니라, 사랑받는 한 자녀로 먼저 부르셨음을 다시 듣게 되었다.

머리로는 알고 있고, 당시에도 전도사 사역을 하며 맡았던 교회 아동부 아이들에게 설교로는 그렇게 전하고 있었으나 정작 내 삶은 그러하지 못했는데 다시금 새로이 시작하는 계기가 되었다.

만약 이러한 경험 없이 단번에 시험에 합격하고 목사의 길을 걸어 가게 되었다면, 스스로 벌레처럼 느꼈던 그 시기가 없었더라면 어땠을까?

누군가를 다그치는 사역자가 되었을지도, 성도를 기능적 측면에서 바라보게 되었을지도, 한 영혼의 아이를 교회의 좋은 부품으로 길러내고자 애썼을지도 모른다.

하나님은 우리를 부품으로 부르지 않으셨다. 기계로 치면 망가진 부품은 버리고 새 부품으로 바꾸는 것이 당연하지만 우리는 부품이 아니기에, 망가져도 상처 나도, 제 기능을 다 하지 못하여도 하나님은 우리를 품으신다. 고치시기도 하고 그냥 고장나 있어도 괜찮다고 천천히 가자고도 하신다.

부모는 그러한 하나님의 성품을 이어받아 전적인 사랑을 자녀에게 부어주는 자리임을 기억해야 한다. 그리고 그러한 거룩한 사명을 감당하기 위해서는 부모 또한 먼저 그 하나님의 사랑을 누리며, 나 스스로가 아이에게 완벽하지 못한 부모여도 지나치게 자책하지 않아야 된다. (방관하자는 뜻은 결코 아니다)

하나님은 우리를 완벽한 부모로 세우신 것이 아니라, 먼저 사랑받는 길을 걸어가는 자녀로 부르셨다. 아이와 함께 커가는 한 사람으로 부르셨다. 전적인 사랑을 모르는 부모는 전적인 사랑을 자녀에게 전해줄 수 없다.

성경 속 "변신"

성경 속에도 벌레같이 여겨지던 이들이 많이 등장한다. 그중에 대표적인 이야기는 '혈루병 여인 이야기'가 아닐까 싶다. 유출병이라고도 불리우는 그 병에 걸려 자그마치 12년이나 고생한 한 여인의 이야기가 등장한다.

레위기 15장에 의하면 그 병에 걸린 사람은 벌레 취급을 받게 된다. 레위기 22장 5절에 등장하는 벌레에 접촉을 하여 부정해진 경우와 규정이 거의 흡사한 것을 볼 수 있다.

규정을 요약하여 정리하면,
1) 병 있는 자가 눕는 침상은 다 부정하고 그가 앉았던 자리도 부정하니 그의 침상에 접촉만 해도 그는 옷을 빨고 물로 몸을 씻으라. 저녁까지 부정할 것이다.

2) 유출병 있는 자와 절대 접촉하지도 말라.

3) 유출병 있는 자가 만진 그릇은 깨뜨려 버려라.

이러한 취급을 받는 자가 공동체 속에서 다른 이들과 어울려 지낼 수 있겠는가? 직접 닿는 것은 몰라도 만졌던 물건조차도 다 부정하게 되고 깨뜨리고 버려야 하니 누가 이 사람과 함께 지낼 수 있을까 싶다.

물론 레위기의 의도는 한 개인을 몰락시키기 위한 것은 아니었다. 전체 공동체가 부정해지는 것을 방지하고, 힘들게 만든 소중한 여러 기물들이 오염되는 것을 막고자 함이었다.

그러나 이 모든 것을 곡해한 사람들이 병에 걸린 개인 개인을 벌레 취급하게 되었고, 그 병에 걸린 그 당사자 자신도 스스로가 벌레라고 여기는 지경에 이르게 된 것이다. 하나님이 가슴 아파하실 변질이었다.

혈루병에 걸린 여인은 처음에는 그 병에서 해방되어보고자 여러 의원을 찾아가고 온갖 노력을 다한다. 그러나 아무 효험이 없었고 아마도 시간이 지나며 점점 더 고립되어 갔을 것이다.

소설 '변신'의 주인공처럼 그녀의 가족들 또한 처음에는 당황하고 마음 아파했을지 모르나, 결국에는 그녀가 사라지기를 바랬을지도 모른다. 그녀는 그렇게 혼자가 되었다.

그렇게 벌레 인생 12년, 그녀에게 마지막 희망의 소식이 다가온다. 예수님이 가까이 오시게 된 것이다. 그녀는 고민했을 것이다. 과연 예수는 다를 것인가. 병이 나을 수 있을까. 벌레의 모습으로 그 앞에 나서도 되는가. 수많은 고민이 그녀를 휘감았을 것이다.

그리고 그녀는 예수를 뒤쫓는다. 본문을 보면 그녀는 다른 어느 병자처럼 앞에서 당당히 나아와 소리 지르며 고쳐달라고 요청하지 못한다. 그저 뒤만 졸졸 따라갈 뿐이었다. 단순히 여인의 타고난 성격의 문제는 아닐 것이다. 앞으로 나아갈 수조차 없는 벌레라고 스스로 여기기에 감히 예수님 앞으로 나아갈 수 없던 것이다. 또 사람들에게 발각이라도 된다면 돌을 맞을까 두렵기도 했을 것이다.

그랬던 그녀가 마지막 희망을 품으며, 마지막 용기를 낸다. 예수님의 옷자락을 만진 것이다. 그리고 병이 감쪽같이 나았다. 그런데 여기서 짠! 하고 해피엔딩으로 끝나도 되는 이야기가 멈추지 않고 진행된다.

예수님께서 본인 옷자락을 만진 사람을 찾는 것이다. 이미 누가 만졌는지 다 아시겠지만 그래도 찾으신다. 우리가 그 상황 속 여인이라면 어떻게 할 것 같은가?

"예수님! 제가 만졌어요! 그리고 병이 나았어요!" 기쁨의 외침을 외쳐도 무리가 없는 상황인데, 그녀의 반응은 당황스럽다. 매우 두려워하며 떨고 있다.

병은 나았는지 모르겠으나, 그녀의 심령은 여전히 병들어 있는 상태였다. 병이 나았으나 스스로를 벌레라 여전히 여기고 있으며, 감히 예수님을 더럽히고 부정하게 만든 그 상황이 발각된 것이 두려웠던 것이다. 그녀는 아직 낫지 않았다.

그렇게 여전히 벌레의 삶을 사는 그녀에게 예수님이 말씀하신다.

"내 딸아."

숨겨놓은 예수님의 딸 일리는 없고 그렇게 부르신 예수님의 의도가 있다. 일부 학자들에 의하면 혈루병 여인은 옷자락 중에서도 이스라엘 남성의 의복에 달려있는 '지지트'라고 부르는 옷단 귀에 있는 술을 만졌을 것이라고 이야기한다.

그 '지지트(zizith)'라고 부르는 옷단 귀에 있는 술은 아무리 가까운 이도 만져서는 안 되는 예의에 어긋난 행동이라고 한다. 다만, 단 한 존재에게만 만지는 것이 허락되었는데 그것은 바로 그 술은 주인의 자녀에게만 허락된다는 것이다.

즉, 예수님은 그녀에게 말씀하신 것이다.
"왜 뒤로 숨어서 왔니... 너는 당당히 앞으로 나와도 되는 존재인 걸. 내 사랑하는 자녀인데, 내 사랑하는 딸인데 누가 네게 벌레라고 하니."
당시 상황을 보면 회당장 야이로의 딸을 고쳐주러 가던 중이었다. 사람들의 생각으로는 지금 저 벌레 같은 여인이랑 노닥거리고 시간을 보낼 때가 아니었다. 1초라도 빨리 회당장의 집에 들어가 높으신 분의 자제를 고치는 것이 맞는 상황이었다.

그러나 예수님은 아랑곳하지 않고 혈루병 여인과 대화를 나누신다. 예수님은 몸만 고치지 않으시고 그녀의 마음을 고치시고 시간을 고치시고 사람들의 인식을 고치셨다.

스스로를 벌레로 여겼던 사랑하는 딸을 구출해내셨다.

이 이야기에 부연 설명은 필요 없을 듯하다. 이것이 교회의 모습이어야 하고, 교회학교이어야 하고, 기독 부모의 모습이어야 하리라.

아들의 "변신"

어느 날 아들이 집에서 이상한 반응을 보인 적이 있다. 울 상황이 아닌데 갑자기 울음을 터뜨린 것이다. 시간이 지나고 이유를 들어보았더니 학교에서 치른 영어 시험 문제를 많이 틀렸다고 미안하다고 울었다는 것이다.

(사실 많이 틀리지도 않아서 당황했다. 내 어린 시절이었으면 이쯤이면 잘했다고 칭찬받으러 달려왔을 텐데... 내 아들이지만 나랑 참 다르다는 것을 느꼈다.)

물론 시험을 못 본 것보다 잘 보는 것이 좋겠다만 문제를 못 풀거나 틀렸다고 혼내거나 다그친 적이 한 번도 없었는데 그런 반응을 보이는 것에 몹시 당황했던 기억이 있다.

아이의 성향과 성격, 또 학교 학급의 분위기 등 많은 것이 연결되어 있지 않을까 싶었다. 그날 아이를 안아주며, 아빠는 맨날 다 틀렸었다고(?) 못 해도 괜찮다고, 빵점 맞아도 너는 내 아들이라고 때아닌 양심 고백을 하게 되었다.

문득 그런 생각이 들었다. 누가 내 사랑하는 아들로 하여금 그깟 시험 문제 하나 맞고 틀리고에 따라서 울게 만드는가..?

아니, 어쩌면 나도 그런 말을 한 적이 없다고는 하지만 은근히 좋은 점수를 맞아올 때 좋아하고 즐거워하는 반응을 보였을 수도 있겠다. 교실도 그랬겠지... 또래 사이에서도 그랬겠지...라는 생각이 들었다. 더 맞은 아이들이 우월감을 느끼고 틀린 아이들이 좌절감을 느끼는 세상. 맞추면 사람이 되고 틀리면 벌레가 되는 세상.

이것이 비단 학교만의 일일까? 일반 과목만의 일일까? 교회와 가정의 일이기도 하다. 교회만큼은, 기독 가정만큼은 아이를 틀렸다고 다그치면 안 되는데, 맞는 아이 틀린 아이를 구분하고 있지 않은가 돌아보아야 한다. (예의에 어긋나는 행동은 따끔하게 혼나야 한다. 맞고 틀리고가 아닌, 옳고 그름은 명확해야 한다.)

틀린 아이는 처음에는 맞기 위해 열심을 다 한다. 하지만 어느 순간이 되면 '나는 맞출 수 없구나'라고 판단하며 아예 포기하기에 이른다. (수포자였던 내가 그랬으니)

신앙교육에서만큼은 틀린 것이 없음을 인정하고 아이에게 정답을 요구하지 않는 교육을 진행해야 한다. 교회 안에서 좌절감을 느끼지 않도록, 가정에서 신앙교육을 하며 틀렸다고 느끼지 않도록 조심해야 한다. 내 신앙 방식과 내 믿음을 아이에게 강요해서는 안 된다. 우리 주님은 우리에게 다그치지 않는데, 우리는 왜 자꾸 내 아이를 다그치고 백 점을 향해 가길 바라는지 돌아볼 필요가 있다.

지금 좀 틀려도 된다. 한 번은 동료 목사님의 자녀 이야기를 들은 적이 있다. 학교 선생님이 부모에게 이야기한다.

"부모님! 댁의 자녀가 계속 시계를 못 읽습니다. 빨리 제대로 가르치셔야 하지 않겠습니까? 그래야 다음 단원으로 넘어가지요."

그런데 그 목사님은 이야기하셨다고 한다.

"크면 다 읽어요. 지금 좀 못 읽으면 어때요. 천천히 배우겠지요."

(너무 멋진 대답이다. 다음에 꼭 써먹으리라!) 틀린 것이 아니라, 느린 것이고 시간이 걸리는 것이다. 그리고 그 아이는 지금 고등학생이 되어 시계를 잘만 읽고 열심히 신앙생활하며 자기 길을 가고 있다. 그럼 됐지 않은가?

백 점을 원하지 말자. 신앙은 상대평가가 아니라, 주님이 평가하시는 절대평가 패스 넌 패스다. 천천히 함께 가는 것이 더 중요하다.

부모 미션

1) 주님 앞에 처음 마음으로 돌아가 나를 자녀 삼아주신 아버지 하나님께 감사의 기도를 드리며 사랑을 마음껏 누려보라.

2) 민망할 수 있겠지만 연로하신 부모님께 문자를 보내라. "내가 벌레가 되어 나타난다면 어떻게 하실래요?" 나 또한 누군가의 사랑하는 자녀라는 사실에 집중해보라.

3) 곤충, 벌레도감 등을 함께 찾아보며 자기 가족과 가장 닮은(?) 곤충 찾기 놀이를 하라. 상대방을 비하하는 목적이 아닌, 특징과 장점을 찾아내는 놀이를 해보라.

4) 누가복음 8장 43-48절까지 쉬운 성경으로 아이와 함께 말씀을 읽으라. 말씀을 읽은 후 아이에게 그 여인이 내 자녀라면 얼마나 마음이 아팠을지 이야기해주어라.

5) 아빠의 옷 귀에다 술(줄, 휴지, 리본 등)을 달고 아이와 잡기 놀이를 하라. 적당히(?) 진행하다 잡혀주고 아이의 이름을 부르며 안아주고 아이가 좋아할 만한 간단한 선물을 전하라.

기도문

자비로우신 하나님 아버지,
우리와 우리 자녀를 사랑하여 주시니 감사합니다.
온 세상 날 버려도 주 예수 안 버려 끝까지 나를 사랑하신다는
찬양이 떠오릅니다.
모두가 외면하는 한 여인을 만나시고 고치시고
딸이라 부르셨던 그 모습을 기억합니다.
그리고 그 동일한 사랑을 우리에게도 허락하심을 믿고 의지합니다.
그리고 나아가 우리 또한 우리의 자녀들에게
그 사랑을 전하기를 소망합니다.
신앙 전수가 중요하기는 하지만, 주님보다 앞서 우리 마음대로
점수 매기는 교육을 하지 않도록 하시고
늘 사랑이 앞설 수 있도록 도우시고 인도하여 주시옵소서.
평가자가 아닌, 전달자의 위치를 잘 지키며
내 자녀의 마음을 잘 헤아리는 부모가 되게 하여 주옵소서.
예수님의 이름으로 기도드립니다. 아멘.

4

주사위

아들이 여섯 살 때의 일이다. 아이가 아직 돈에 대한 개념이 없을 때 부루마블이라는 게임을 접하게 되고 함께 놀이를 하게 되었다.

아무리 어른이라고 무조건 아이를 이기기는 어렵다. 이 게임은 결국 주사위의 운에 달려있다. 상대방이 구입하고 건물을 지은 땅에 걸리게 되면 속수무책 그냥 벌금을 계속 낼 수 밖에 없다. 우연히 요리조리 잘 피하면 이기는 게임이다.

게임을 하다 보니 내가 계속 불리한 상황에 처해지게 되었고 가진 돈을 거의 다 잃고 말았다.
"아… 이제 아빠는 돈이 없어…" 내가 말했다.

그런데 이상한 상황이 벌어졌다. 아들 녀석 차례에 주사위를 굴리더니 '황금열쇠' 칸에 도착했다. 그리고 카드를 뒤집으니 "어디든 원하는 땅으로 가시오"라는 명령어가 적혀 있었다.

　이 게임을 해 본 사람들은 알 것이다. 어디로 가야 하는지. 비어있는 가장 비싼 땅, 서울로 가서 그 땅을 구입해야 한다. 그 땅에 상대방이 한 번만 걸리면 게임에서 쉽게 이길 수 있기 때문이었다.

　그런데 아이의 선택은 황당했다. 버티고 버티며 그래도 하나 소유하며 제발 걸리기를 바라며 호텔을 지어놓은 내 땅을 가졌다는 것이었다. 함정처럼 파놓은 그곳을 가졌다는 것이다. 그 순간 아이가 어려서 룰을 잘 모르는구나 라고 생각했다.
　"거기에 가면 아빠한테 돈을 빼앗기는 거야. 주인이 없는 땅을 골라야 해."

　그러자 돌아온 아이의 대답은 당황스러우면서도 신선했다. 그날의 대답을 잊을 수 없다.
　"아빠 동네에 놀러 가고 싶어. 그리고 돈이 부족한 아빠에게도 나눠주고 싶어. 내 돈을 나눠서 같이 계속 여행하자!"

　망치로 머리를 한 대 텅! 맞은 것 같았다. 나와 아이는 같은 게임판에 있었지만 전혀 다른 룰로 게임을 진행하고 있었다. 나는 상대방의 것을 빼앗는 게임을 하고 있었고, 아이는 함께 나누며 즐기며 주변을 돌아보는 여행을 하고 있었던 것이다. 그렇게 아이는 결국 우겨서 내 땅에 도착했고 내게 여행자금을 나눠주었고, 여행은 더 진행될 수 있었다.

그러던 중, 내가 무인도에 갇혔을 때 아이도 우연히 함께 무인도에 갇히게 되었다. 그리고 아이는 큰 소리로 기뻐 외쳤다.
"아빠랑 만났다! 드디어 성공!"

그렇게 내가 알지 못하던 부루마불 게임은 아름답게(?) 종료가 되었다. (육아 때문에 힘들었는데 게임이 빨리 종료되어서 기뻤다)

게임이 다 끝나고 이후에 기도하고 말씀을 보며 계속 상황이 생각났다. 우리는 어쩌면 어른의 잣대로 아이들을 재단하며 우리의 룰을 아이들에게 강요하고 있지는 않은가 하고 말이다.

하나님은 우리에게 서로의 것을 빼앗으며 경쟁하라고 하신 적이 없는데, 살아남기 위해 남의 것을 탐내고 빼앗으며 안간힘을 쓰고 있지는 않은가 말이다. 남을 파산시켜야 내가 살 수 있다고 생각하지는 않는가.

어쩌면 순수한 아이들은 하나님의 형상이 조금은 더 남아있어서 서로 사랑하며 함께 여행하는 선한 유전자가 더 남아있나보다 라는 생각이 들었다.

세상 교육은 남의 것을 어떻게 하면 조금이라도 더 빼앗을 수 있는지, 세상에서 어떻게 하면 더 돋보이고 더 오래 남을 수 있는지, 판을 좌지우지 할 수 있을지를 끊임없이 가르치고 강요한다.

그러나 기독교 교육은 같은 세상을 살지만 전혀 다른 룰을 적용해야 한다고 말해야 한다. 빼앗지 않고, 짓밟지 않고, 타자를 억압하지 않고도 함께 여행할 수 있노라고 가르쳐야 한다.

예수님의 모습이 그러하셨다. 복음서를 돌아보면 우리 예수님은 경쟁자가 아니라, 여행자셨다. 놀라운 신성을 가지셨음에도 불구하고, 원하는대로 주사위 숫자를 던질 수 있는 능력이 있음에도 불구하고 그는 주변을 사랑하고 나누며 함께하기 위해 삶을 살아내셨다.

왕궁을 거닐고 권력을 차지하실 수 있음에도 불구하고 그는 가난한 자를 찾아다니셨고, 병든 자를 고치셨고, 귀신들린 자를 친구 삼으셨다.

예를 들어 마가복음 5장에 등장하는 거라사 지방의 귀신들린 자를 만나는 장면만 보아도 그렇다. 힘들게 배를 빌리고 제자들을 동행하여 힘든 여정을 떠나신다. 일단 갔으면 생산적인 일을 하고, 자신의 이름을 알리기라도 하고 오셔야 하는데, 가서 귀신들린 사람 한 명만 딱 만나고 다시 배를 타고 돌아오신다.

만약 세상 사람들과 같은 목적으로 여행을 다니셨다면 가신 김에 무어라도 더 하고 오셨어야 했다. 그것이 효율적이다. 그러나 예수님의 여행 목적은 그저 사랑하는 데 있었기에, 나누는 것에 있었기에 한 사람을 만나고 왔어도 충분했던 것이다.

그렇게 예수님은 주사위를 던지며 하나님이 정해주시는 대로 공생애 사역을 하셨고, 어디에 도착하느냐보다 도착하여 함께 나누는데 몰입하는 삶을 살아내셨다.

그런데 오늘 우리는 왜 예수님의 모습과 달리, 주사위를 잘 던져야 한다고… 그래서 남보다 더 높아져야 한다고 아이들에게 가르치고 있는가?

마태복음 11장 12절의 "… 천국은 침노를 당하나니 침노하는 자는 빼앗느니라"라는 구절 하나를 가지고 결국 천국도 침노 게임이라고 가르치고 세상의 논리로 함께 빼앗으라는 말을 하고 있다.

이 구절은 오히려 반대로 해석해야 한다. 짓밟고 빼앗는 세상의 교육과 방법을 오히려 버리라는 구절로 이해해야 할 것이다. 천국을 침노하기 위해서는 세상에서 침노하지 않는 자가 되어야 한다. 세상의 논리와 다른 논리로 함께 여행하는 자들에게, 그렇게 저항하는 자들에게 천국이 주어진다는 뜻으로 보아야 한다.

위 구절의 바로 앞을 보면 세례요한에 대한 칭찬을 하고 있다. 세례요한이 '천국을 침노한 자'라는 의미로 볼 수도 있을 것이다. 세례요한이 남의 것을 빼앗고 짓밟았는가? 아니다. 세례요한이 자신의 명성과 이름을 남기는 데 애를 썼는가? 아니다. 많은 부와 명예를 쌓았는가? 아니다.

버려진 세리와 죄인들에게 회개의 기회를 주고 세례를 주었다. 자신의 이름과 명성은 다 없어도 상관없으니, 자신은 그저 광야의 외치는 자의 소리일 뿐이니 예수님만 높아지기를 바랐다. 부와 명예는커녕 그에게는 낙타털 옷 한 벌과 그날그날 먹을 메뚜기와 석청이 전부였을 뿐이다.

세상의 침노를 거부하고 천국을 침노하는 아이들로 우리는 가르쳐야 한다.

학교 안 주사위

교목으로 있을 시절, 반마다 들어가서 40분 가량의 성경 수업을 진행했다. 여러 교육 방법을 시도하였는데, 아이들에게 상당히 인기 있던 방법 중 하나는 주사위 보드게임 형식의 수업이었다.

반 아이들 모두가 한 번씩 굴려서 일정의 경로를 통과하고 미션을 수행하며 모두가 한 번씩 굴린 합으로 목적지까지 도착하면 성공하는 게임이었다. (정말 가끔은 팀 대항전을 하여 경쟁을 불러일으키기도 했지만 대부분은 반 전체가 한 팀이 되어 경쟁이 아닌 서로 응원하도록 독려했다)

본래 그 게임을 진행한 내 의도는 실력도 상관없고, 가진 지식도 상관없는 모두가 공평하게 똑같이 참여하는 수업을 진행하기 위함이었다. 가장 활달한 아이도 한 번의 주사위를 굴릴 수 있고, 반장도 한 번, 반의 가장 조용한 아이도 한 번씩만 굴릴 수 있다. 이보다 공평한 게임이 어디 있을까 싶기도 하다.

그런데 이 단순한 주사위 게임을 통해서도 아이들의 특성이나 인간의 군상이 다 드러남을 볼 수 있었다. 무엇이든 잘하고 활달하고 늘 인기 있는 아이가 주사위를 던질 때 아이들은 열렬히 응원하며 당연히 '6'이 나올 것이라는 기대를 하는 것이었다. 평소의 기대치가 반영된 것이다. 하지만 주사위 게임이 그런 기대를 채워주지는 않는다. 열렬히 응원하다가 '1' 나왔을 때의 그 적막은 참 아이러니했다. 1을 던지고 멋쩍어하는 그 친구의 모습이 한편으로는 불쌍했지만 한편으로는 교육이지 않을까 싶기도 했다.

게임을 진행하면서 가장 큰 쾌감은 그 반대의 경우였다. 평소에 말 한마디도 하지 않고 아이들과 잘 지내지도 못하고 어리숙한 아이에게도 주사위의 차례는 다가왔다. 그 아이는 주사위를 던지는 것조차 몹시 부담스러워했다. 아이들도 그 친구에게 큰 기대를 걸지 않는 듯 무심하고 냉랭한 교실의 분위기가 찾아왔다. (쟤는 던져봐야 1이지...)

"그래도 던져 봐. 1이 나와도 괜찮아."
아이는 정말 자기 딴에는 용기 내어 모두의 시선을 극복하고 주사위를 허공에 던졌다. "툭 또르르..."

그리고는 '6'이 등장했다. 그리고 마지막 순서였던 그 친구 덕분에 반 전체의 미션은 성공할 수 있었고, 반 친구들 모두에게 선물이 돌아갔다. 모두 어마어마한 환호를 했고 그 친구는 그 반의 영웅이 되었다. 그리고 그 친구는 그 반의 주사위 대장으로 여겨지며 '행운의 친구'로 불리게 되었다.

그 이후로도 주사위가 실력이 어딨겠나? 라는 생각이 드는데, 그 친구는 언제나 자신만만하게 던졌고 아이들은 그 친구에게 늘 환호를 보내게 되었다.

성경 속 "주사위"

성경에는 '주사위'라는 단어가 등장하지는 않는다. 그러나 흡사한 개념은 등장한다. 바로 여기저기서 자주 등장하는 '제비뽑기'이다.

그중에서도 제비를 뽑아 가나안 땅을 분배하는 장면은 흡사 부루마불을 떠오르게 한다.

땅을 각 지파에게 분배하는 작업은 쉽지 않았을 것이다. 피자 한 판을 아이들에게 똑같이 잘라서 나눠줘도 누구 피자가 조금 더 큰지, 누구 피자에 페퍼로니가 하나라도 더 올라갔는지 서로 비교하기 마련이다. 그런데 지형도 다르고 주변에 맞닿은 민족도 다 다른 가나안 땅을 분배하는 것은 굉장한 고민이 필요했던 일이다.

세상의 논리로 그 분배를 진행했다면 어떻게 진행했을까? 세상은 '선착순', 혹은 '능력순'이다. 먼저 달려나가 갖고 싶은 땅을 가지는 분배를 하거나, 혹은 가나안 정복에 가장 큰 기여를 한 지파, 인구가 많은 지파 등으로 먼저 원하는 땅을 분배했어야 했다.

그런데 우리가 들고 있는 성경의 이야기 속 분배는 그렇게 진행되지 않았다. 그들의 능력과 숫자는 상관없이 '복불복'. 제비뽑기를 진행하게 되었다. 한 번 땅을 정하면 무르지도 못하는데, 앞으로 이스라엘 역사에 중요한 갈림길이 될 수도 있는 분배와 위치선정을 너무

쉽게 하는 것 아닌가? 라는 인간적인 생각이 든다.

그러나 위의 말 그대로 인간적인 생각이다. 능력 순, 기여도 순으로 따진다면 가나안 정복 전쟁은 하나님의 전쟁이 아닌 인간의 업적이 되어버리는 것이다. 이스라엘 각 지파는 기여도가 없다. 오직 하나님이 기여하셨을 뿐이었다.

그리고 각 지파에게 더 잘 맞는 땅, 선호하는 땅도 소용이 없다. 왜냐하면 그들이 어느 땅을 선택하게 되든지 간에 하나님은 그들을 떠나지 않을 것이며, 어떤 어려움이 나타나더라도 도우실 것이기 때문이었다. 그렇기에 하나님은 친히 '제비뽑기'를 통해 분배를 하셨고 그렇게 이스라엘을 세워나가셨다. 하나님이 주신 것이기에 그들은 실패할 수 없었다. 인간이 개입하지 않기에 그 방법은 완벽한 방법이 될 수 있었다.

또한 제비뽑기는 실패한 자들에게도 '은혜'가 된다. 열심을 다 하더라도 때로는 패배하고 넘어지고 실패할 수도 있다. 평안하고 안전하게 여유롭게 지내는 지파와 다르게 고생을 할 수도 있다.

그러나 제비뽑기로 얻은 것이기에 전적인 실패 책임이 그들에게 없다. 열심을 다했으나 실패하였다 해서 지탄을 받을 필요도 없고,

낙심할 필요도 없다. 그저 제비뽑기일 뿐이며, 그들이 해야 할 것은 성공이 아니라, 뽑힌 제비의 결과 안에서 자신들이 감당할 일에 최선을 다하며 그 안에서 하나님을 발견하고 만나고 따르는 것이다. 그들에게 실패란 하나님을 놓치는 것만이 실패다.

이는 기독교 교육적 의미가 깊다. 우리 아이들을 신앙으로 양육할 때에 부모도, 자녀도 제비뽑기 인생이라는 사실을 기억해야 한다. 자녀가 잘되고 성공한다…? 물론 최선을 다해 책임 있는 양육을 해야 하겠지만 한편으로는 하나님이 주신 제비일 뿐이다. 남들과 비교하며 교만해질 필요도 없고 우쭐댈 필요도 없다.

반대의 경우도 그러하다. 간혹 어떤 부모들을 보면 정말 온유하고 사랑이 넘치며 열심을 다해 자녀를 양육한다. 그런데 자녀가 지나치게 천진난만(?)하고 주변에 문제와 사고를 일으키는 경우가 있다.

자녀를 위하여 최선을 다해 좋은 것을 주고자 하는데 몸도 마음도 아픈 자녀들이 생기기도 한다. 그럴 때 부모는 자책을 한다. 내가 부족한 부모여서 내 아이가 이렇게 되었구나.. 라고.

나도 자책한다. 내가 눈이 워낙 나빠 아이 눈은 좋기를 바라면서 눈에 좋은 식품과 영양제를 먹이고 온갖 신경을 썼지만 아이는 6살

때부터 안경을 쓰기 시작했다. 그리고 지금은 마이너스에 이르렀다. 얼마나 자책이 되던지… 무엇을 더 했어야 할까 생각도 들었다. 하지만 그냥 타고난 것이라는 생각이 들었고, 몸의 눈이 나쁜 것보다 영적인 눈이 밝아지는 데 더 신경을 쓰자는 마음이 들고 조금은 편안해졌다. 복불복이었다.

다시 돌아와 물론 최선을 다하는 책임 있는 양육을 해야 하지만 이 상황에서도 우리는 기억해야 한다.

"제비뽑기"

제비뽑기를 하나님께 책임을 전가하는 도구로 사용하라는 것은 아니다. 하나님께서는 내가 이 아이를 맡을 만하니, 이 아이에게 가장 적합한 것이 '나'이기 때문에 부모라는 직분을 맡기셨다는 사실을 기억하며 양육해야 하는 것이다. 그러한 과도한 부담감을 내려놓을 때 우리는 한 발자국 뒤에서 내 자녀를 더 온전히 바라보며 맡기신 양육의 사명을 감당할 수 있게 된다.

그리고 아이에게도 부단히 가르쳐야 한다. 우리는 모두 제비뽑기 인생이라고. 아무리 세상이 보기에 잘난 사람도, 또 반대로 세상이 보기에 부족해 보이는 사람도 각자의 자리가 있으며 그저 하나님이 허락하신 제비뽑기가 그 자리인 것이라고 가르쳐야 한다.

높은 자리에 있으면 그 자리에서 맡은 사명이 있는 것이고, 낮은 자리에 있다면 그 자리에서 감당해야 할 사명이 있는 것이라고 가르쳐야 한다.

아니, 높은 자리, 낮은 자리라는 것은 존재하지 않고 하나님이 주신 자리임을 교육해야 한다.

부모 미션

1) 각자 작은 소원(대신 집안일 해주기, 함께 외식하러 나가기 등)을 적은 제비뽑기를 가족 구성원 모두가 만들어 통 안에 넣도록 한다. 엄마 아빠의 소원도 넣고, 자녀들의 소원도 개수를 똑같이 넣는다. 그리고 저녁 가정예배가 끝난 뒤, 아이가 제비를 뽑도록 한다. 그리고 그다음 날 그 소원을 이루어보자.

2) 보드게임 부루마불을 함께 해보도록 하자. 대신 서로 빼앗는 부루마블 게임을 하지 말고, 참여자 모두가 한 팀이 되는 부루마블을 진행한다. 서로 돈을 빌려주며, 서로의 땅에 방문하며 한 사람도 파산되어 낙오되지 않도록 게임을 해 보자.

기도문

공평하시고 자비로우신 하나님 아버지,
자격 없는 우리를 주의 자녀 삼으시고
지금의 자리에 값없이 있도록 허락하신 은혜 감사합니다.

때로는 주님의 은혜를 까먹고 나의 노력과 힘으로
지금까지 살아왔다고 착각할 때가 많습니다.
내 자녀를 양육하는 일도 내가 할 수 있다고 착각합니다.
주님의 주사위 은혜 인생이라는 것을 잊지 않게 하시고 내게 주어
진 자리, 내게 보내주신 내 사랑하는 아이를 위하여
겸손하게 기도하며 감당하게 도와주시옵소서.
경쟁과 다툼의 세상을 이기는 은혜의 가치가 내 자녀 가운데
세워지게 하시고 나 또한 먼저 그렇게 살아가며
자녀를 하나님의 백성으로 잘 인도할 수 있도록 도와주옵소서.
예수님의 이름으로 기도드립니다. 아멘.

5
준비물

아들과 몇 번을 실랑이를 벌였다. 이유인즉슨 기껏 열심히 다한 학교 숙제를 선생님께 제출을 안 하고 오는 것이었다. 때로는 필요한 준비물이 있어서 가방에 함께 다 챙겨주었는데도 가서 무신경하게 있으면서 가방을 제대로 열어보지도 않고 준비물을 안 가져온 것으로 하는 일이 여러 번 있었다.

도통 이해되지 않고 답답했다. 차라리 숙제를 안 했다면 억울하지도 않을 텐데, 버젓이 완벽하게 다해놓고, 심지어 두고 간 것도 아니고 가져가 놓고 제출을 안 하는 행동은 도대체 무슨 상황인가 싶었다.

아직도 이해가 되지는 않지만 아이의 대답과 결론은 "그냥 생각이 안 나서"였다. 학교에 도착하면 친구들과 노느라 바빠서, 학교 도서관에 달려가 책 읽느라 바빠서 제출을 못하고 준비물을 꺼내지 못했다는 것이었다.

혼내기도 하고 가져온 숙제를 처음부터 다시 한번 더하게 만들기도 했지만 쉽게 고쳐지지는 않았다. 고쳐지지 않고 답답한 상태로 학년이 바뀌었는데 이유도 모르게 어느 날 갑자기 잘 고쳐졌다. 머리가 한 학년 더 커져서 그렇기도 할 것이고 주변을 보는 눈이 이제야 조금 길러졌나 싶기도 하다.

아이의 이러한 모습을 보면서 나의 사역과 교회를 돌아보게 되었다. 이러한 모습들이 내게는 없는가? 사역자에게 있어서 숙제란 무엇인가? 교회의 준비물은 무엇인가?

바울은 하나님께 숙제를 받았다.

"내가 달려갈 길과 주 예수께 받은 사명 곧 하나님의 은혜의 복음을 증언하는 일을 마치려 함에는…"(행 20:24).

바울은 자신의 숙제이자 사명, 달려갈 길이 하나님의 은혜의 복음을 증언하는 것이라고 말한다. 그리고 누가 봐도 그 숙제를 정말 열심히 했고 자신의 인생 성적표를 하나님께 잘 제출했다.

그렇다. 교회와 사역자의 숙제는 은혜의 복음을 증언하는 일이다.

직접적으로는 선교를 하고 전도를 하는 증언이고, 간접적으로는 일상의 삶에서 예수를 닮은 모습으로 사랑하며 살아가는 것이 증언일 것이다.

그리고 나는 그 숙제를 너무나도 잘 알고 있다. 그리고 그 숙제를 잘해보고자 목사가 되었고 기독교 학교에서, 또 교회에서 일하게 되었다. 또 감히 나름 스스로 자부하기에도 그 숙제를 '평균 이상(?)'으로는 최선을 다해 나가고 있다고 생각한다. (교만과 자신감 사이^^;;) 누가 보지 않더라도 농땡이 피우지 않고 최선을 다하는 사역자라고도 스스로 자부한다.

문제는 그.런.데. 그 숙제를 잘 제출하고 있는가? 라는 질문을 스스로에게 던지니 답이 막혔다. 숙제는 하기만 하면 되는 것이라고 생각했는데, 다한 숙제를 하나님께 제출했는가를 돌아보니 별로 그러지 못했다.

열심을 다해 사역을 하고 여러 프로그램을 진행하고 일은 벌렸고 뭔가 하기는 했는데 하나님께 전달이 되었는지는 모르겠다는 생각이 문득 든 것이다. 사람의 열심이었는지, 하나님 나라에 정말로 이바지 되었는지 모르겠다는 생각이 들었다. '아... 내 아이와 같은 실수를 범하고 있구나!'

늘 사역을 시작하기 전에는 최선을 다해 기도했다. 사역이 잘 되게 해달라고, 사고가 없게 해달라고, 하나님께 영광이 되게 해달라고 기도했다.

그러나 막상 사역이 다 끝나고 난 뒤에 하나님 앞에 이후를 맡겨달라는 기도는 부족했다. 하나님께서 이후의 모든 일들을 도우시고 영광이 되며, 나는 사라지고 주님만 높아지기를 바란다는 기도는 현저히 부족했다. 열심히 사역하고 성도들에게 칭찬과 감사 인사를 받으면 우쭐해지기 바빴고 하나님이 이 사역들을 무어라 생각하실까를 고민하지는 못했던 내 자신이 떠올랐다.

그렇다. 난 숙제를 열심히 해놓고 제출을 안 하는 사역자였다. 준비물을 열심히 준비만 해놓고, 가방에만 넣어놓고 내 할 일을 다 했다고 여겼다. 내 아이는 나를 닮았던 것이다.

그런데 이 실수가 내 아이만의 실수일까? 사역자로서 나만의 실수일까? 바로 오늘을 사는 모든 기독 부모들도 같은 실수를 범하고 있지 않은가 돌아보아야 한다.

우리 부모들도 하나님께 숙제 제출을 하지 못하고 준비물을 챙기기만 하고 꺼내지 못하는 현상이 있다.

내 아이의 신앙교육에 신경을 쓰고, 기도를 하고, 내 신앙의 열심은 다하며 경건 생활은 애쓴다. (숙제를 아예 하지 않는다면 더 큰 문제다) 그러나 제출, 곧 마무리는 소홀할 때가 있다. 숙제를 '하는' 행위에만 집중될 때가 있다.

하나님께 온전히 맡겨드리는 일은 잊어버릴 때가 있고, 기도에 대한 응답을 받고 하나님께 영광 돌리는 일을 잊어버릴 때가 많고, 형식적 열심은 다하고 있으나 정작 중심은 없이 타성으로 가는 것이 그것이다. 행위는 하였으나 하나님과의 관계에는 소홀해진 것을 경계해야 한다. 숙제를 하는 것도 중요하지만 주님께 맡겨드리고 제출할 때에 우리의 숙제는 완성이 된다.

아이와 함께 오늘부터 돌아보는 기도를 드리자.

성경 속 준비물

출애굽 사건을 읽다가 문득 평소에 보지 못했던 부분이 보였다. 탈출했다는 사실에만 집중할 때가 많았는데, 그들이 탈출은 했지만 준비물을 챙기지 못하여 실수한 것이 있었다.

"애굽 사람들은 말하기를 우리가 다 죽은 자가 되도다 하고 그 백성을 재촉하여 그 땅에서 속히 내보내려 하므로 그 백성이 발교되지 못한 반죽 담은 그릇을 옷에 싸서 어깨에 메니라"(출 12:33-34).

"발효되지 못한 반죽" 그들이 빠뜨린 그것은 바로 '누룩'이었다. 목숨이 걸린 마당에, 급하게 탈출을 하는 마당에 누룩까지 어떻게 챙기나 싶을 수도 있는데, 그들이 빠뜨린 누룩 준비물의 여파는 크게 다가왔다. 마치 나비효과처럼 빠뜨린 것은 아주 작은 누룩이었지만 기나긴 광야생활 동안 그들은 맛없고 거친 빵을 씹어야 하는 대가를 치러야만 했다.

그들은 정말로 누룩을 챙길 시간이 없었을까? 사실 그렇지 않다. 애굽 왕 바로가 재촉하여 속히 내보내려 했다고 적혀 있지만 사실 출애굽은 이미 모세의 등장부터 예견되어 있었던 일이다. 아니, 어쩌면 창세기에서 요셉과 함께 애굽으로 들어가는 순간부터 그들은 나올 준비를 했어야 했다. 하나님은 처음부터 이스라엘에게 말씀하신 것이다. "필요한 준비물을 챙겨라! 곧 떠날 것이다!"라고.

그리고 혹여나 이스라엘이 눈치를 못 채거나 준비시간이 부족할까 하여 하나님은 아주 친절히 카운트다운을 하신다. 10, 9, 8, 7, 6, 5, 4, 3, 2, 1..

이스라엘이 필요한 준비물을 잘 챙겨서 나갈 수 있도록 하나님은

10가지 재앙을 애굽에게 내리신다. 하나님의 거룩한 '사인'이었다. 준비물을 준비하라는 신호였다. 이제 곧 광야 생활을 할 터이니 가져가야 하는 모든 짐을 잘 꾸려라. 여행을 떠나야 할 테니 잘 살펴라! 라고 하시는 하나님의 친절한 신호였다.

하지만 이스라엘은 그 사인을 알아차리지 못했다. 고통과 압제 속에서 애굽 탈출하기를 그토록 바라고 염원했으면서도 막상 카운트다운이 불려지는데도 그들은 나갈 채비를 하지 못했다. 그리고 3, 2, 1 신호와 함께 막상 출발신호가 떨어지니 그제야 부랴부랴 필요한 짐만 겨우 챙겨서 나갈 수 있었다.

그들은 누룩 없는 발교되지 않은 빵을 들고 길을 나섰다. 처음에는 누룩이 없다는 사실도 몰랐을 것이다. 쫓아오는 애굽 군대를 피하고 우여곡절 끝에 홍해를 건널 때까지 그들은 인식하지 못했다. 준비물을 챙겨오지 못했다는 사실도 몰랐던 것이다.

하지만 홍해를 건너고 정신을 차린 뒤 한숨을 돌리며 빵을 씹어야 하는 그 순간에 그들은 깨닫게 되었다. 준비물이 누락 되었다는 사실을. 다시 가지러 갈 수 없다는 사실을 알게 된다. 마치... 수업 시간이 되어 부랴부랴 가방을 열었는데 준비물을 책상 위에 올려놓고 온 것이 떠오르는 것처럼 말이다.

그들은 그렇게 긴 광야생활을 하며 누룩 없는 빵을 먹으며 지냈다. 그리고 생각했다. 다시는 이러한 일이 없어야 한다고. 준비물을 잘 챙겨야 한다고 말이다. 그리하여 그들은 후손들에게 이것을 교육하게 된다. 무교절을 정하고 후대에까지 절기로 지켜 누룩 없는 빵을 때마다 씹게 하며 하나님의 사인을 무시하지 말고 새겨들어야 함을 전하게 된다.

이번에는 작은 누룩이었지만 후대에 더 큰 것을 놓치지 않도록 하기 위해 그들은 후손들에게 절기 교육을 진행하게 된다.

오늘 이 이야기는 지금 오늘 한국교회에게 주는 메시지이다. 한국교회는 큰 부흥기를 겪었고 많은 성장을 이루었었다. 그러다가 어느 정점에 이른 후 감소가 시작되었고 사람들의 입에서 위기론이 나오기 시작했었다.

사실 그때 이미 하나님의 사인이 시작되었던 것 아닐까? 하나님의 카운트다운이 시작된 것이다. 10, 9, 8...

새로운 시대가 찾아오게 되니 필요한 준비물을 챙겨라! 다가오는 시대에 발맞추어 너희들이 해야 할 일을 해라. 교회가 없어지지는 않는다. 다만 새로운 여정을 떠나기에 준비를 하고 빠뜨려서는 안 될 것들을 돌아보라는 하나님의 신호였을지 모른다. 또 하나님은 이스라엘 백성에게 그러하셨듯이 단번에 출발하라 하지 않으시고 신호를 계속 주셨을 것이다.

10... 다음 세대 인원의 감소, 9... 교회를 앞질러가는 세상 문화, 8... 교회에 대한 부정적 인식, 7... 이전과 다르게 많은 부를 누리는 아이들, 6... 주 5일제로의 전환, 등등... 그리고 4... 최근에 다가왔던 코로나 펜데믹까지.

하나님은 말씀하셨다. 준비하라! 다음 세대를 위하여 준비하라! 그러나...우리는 이스라엘 백성이 겪었던 실수를 또 다시 반복하고 말았다.

넋 놓고 있다가 우리도 모르게 이미 새로운 땅으로 출발을 해버리고 만 것이다. 물론 하나님이 인도해주실 것이고 도우실 것이고 막혀 있는 홍해가 있다면 교회를 위하여 열어주실 것이다.
그러나 시간이 지나면 그제야 뒤늦게 우리가 빠뜨린 것들을 발견하게 될지도 모른다. 그때 후회하면 늦을 것이고 많은 시간을 허비하며 돌아와야 할지도 모른다. 기다림의 시간이 이스라엘처럼 40년이 될지... 더 기나긴 시간이 될지 알 수 없다.

"개인적으로는" 아직 사인이 더 남았다고 생각한다. 아직 배가 출발하지 않았다고 생각한다. 우리는 지금 골든타임을 지내고 있다. 지금 필요한 것들을 챙기고 준비물을 돌아보아야 한다. 발교되지 않은 빵이 아닌, 준비된 누룩을 챙겨야 한다.

우리가 빠뜨리지 말아야 할 단연코 단 한 가지는 '다음 세대', 우리의 자녀들이다. 우리의 자녀들이 없고서는 새로운 시대를 맞이할 수 없다.

이스라엘 백성들은 고작 누룩을 빠뜨린 실수로 40년간 맛없는 빵을 씹었지만 우리가 만약 다음 세대를 놓치고 기독교 교육을 놓친다면 맛없는 빵 정도가 아니라, 생존 자체를 잃어버리게 되는 결과를 맞이할 것이다.

이 준비물을 챙기는 것은 교회만의 숙제가 아니다. 교회도 온 힘을 다해 다음 세대를 챙겨야 하고, 각 가정과 부모, 나아가 기독교 학교도 합세하여 모두가 하나의 힘을 합쳐 다음 세대를 챙겨야 한다.

아직 몇 개의 사인이 더 남았겠지... 라는 마음으로 남아있던 과거의 영광에 교회가 취해있고, 내 아이 언젠가는 열심히 신앙생활 하겠지 라는 마음으로 신앙교육을 한다면 우리는 출애굽이 아니라, 끔찍

한 포로기를 맞이할지도 모른다. 마치 하나님께서 부재하시는 것처럼 느꼈던 신구약 중간기를 맞이할 수도 있다.

다음 세대는 선택이 아니라 필수다. 그 귀한 사명에 하나님은 나와 여러분을 부르셨다. 어떻게 챙겨야 하는지도 아직도 잘 모르겠고, 무엇을 해야 하는지도 잘 모르겠다. 할 수 있는 것을 다 해볼 뿐이다. 다만, 모든 성도와 교회가 다음 세대에 대한 끈을 함께 붙잡을 때 적어도 하나님도 우리를 놓지 않을 것이라 믿는다.

이스라엘 백성은 같은 실수를 반복하지 않기 위하여 다음 세대에게 절기 교육을 통하여 누룩 없는 빵을 씹도록 하였다. 우리도 지금까지 걸어오며 범했던 실수들을 반복하지 않도록 우리의 자녀들을 교육하며 나아가야 할 것이다.

일상 속 준비물

누구나 여행이나 일상 속에서 준비물을 빠뜨려서 애먹은 적이 있을 것이다. 한 번은 최근에 해외여행을 가려고 공항 주차장에 주차 대행을 맡겼다. 아주 여유로운 시간에 공항에 도착했고 주차 대행까지 맡겼으니 이렇게 한가로울 수 없었다. 도착해서 발권도 하고 밥도 먹고 편하게 있었다. 그렇게 여유를 부리다가 입장을 하려는데 그때 깨달았다. 주머니에 핸드폰이 없다는 사실을! 문득 주차 대행에 맡긴 차량 안에 핸드폰을 두었다는 사실을 깨닫게 되었을 때는 온몸에 식은땀이 나게 되었다.

평소에 운동도 하지 않고 잘 뛰지도 않는데 온 힘을 다해 주차장으로 전력 질주를 했다. 동행자의 핸드폰을 빌려 연락을 취하고 차의 위치를 파악하고 뛰고 또 뛰었다. (뛰면서 매일 이렇게 하면 건강해지겠다... 라는 생각이...)

그렇게 겨우 핸드폰을 찾았고 또다시 전력 질주를 하여 돌아와 비행 탑승 시간에 늦지 않을 수 있었다. 여행 하나하나를 다 예약하고 완벽하게 준비했다고 생각했는데, 이렇게 황당한 실수 하나로 여행 시작부터 고생하게 될 줄이야.. 다시는 경험하고 싶지 않은 경험이었다.

또 이런 기억도 난다. 설교자로서 설교단에 올라갈 때 필요한 준비물이 있다. 성경책, 그리고 설교 원고문이다. 한 번은 이런 적이 있다. 올라가서 설교 직전에 슬쩍 원고문을 체크하는데 원고문 절반이 없는 것이었다! 손을 쓰기도 전에 설교 시간은 찾아왔고 겨우 기억을 더듬어가며 마쳤던 기억이 난다.

그 뒤로 '종이 원고문은 무섭구나...' 라고 느끼고 아이패드를 들고 올라가게 되었는데, 한 번은 도중에 패드 전원이 충전도 해두었는데 알 수 없이 꺼지는 '공포스러운' 경험도 하게 되었다. 설교자라면 이 이야기가 자신의 이야기가 아니길 바랄 것이다. 이미 준비되었고 몇 번이나 읽었고 최선을 다하고 올라갔었지만(물론 성도들에게 티 내지 않고 마쳤다^^;;) 예기치 못한 이런 상황은 매우 두렵기 마련이다.

그렇다. 인간은 아무리 준비하여도 무언가를 빠뜨리기 마련이다. 최선을 다해 노력하여도 허점은 있기 마련이다. 다 챙겨도 돌발상황은 생기게 되어있다.

아까 지나온 "준비물을 잘 챙깁시다!" 라는 이야기처럼 물론 우리는 최선을 다해야 한다. 그러나 준비물을 챙기는 것보다 더 중요한 것이 있다. 우리의 허점을 인식하는 것이다. 우리의 부족함을 아는 것이다. 우리는 아무리 노력해도 우리의 힘으로는 완벽해질 수 없다. 우리가 잘한다고 해서 좋은 여행이 만들어질 수 없다.

우리가 챙기는 준비물보다 더 중요한 것은 하나님을 신뢰하고 붙드는 것이다. 나의 실수도 추억과 헤프닝으로 만들 수 있는 분 하나님, 나의 허점도 바꾸셔서 정점으로 만들 수 있는 분 하나님, 나의 빠뜨린 준비물마저도 은혜의 자리로 만드실 수 있는 분 하나님. 그 사실을 우리는 기억해야 한다.

다음 세대에 대한 해답도 우리의 노력이나 열심 자체가 아니다. 그것은 하나님의 도구일 뿐이고 다음 세대에 대한 해답은 오로지 하나님 한 분이시다.

이스라엘 백성이 빠뜨렸던 누룩, 물론 실수였고 큰 아픔을 겪었지만 도리어 그것을 바꾸셔서 오늘까지 누룩은 하나님이 역사하셨던 증거로, 그러한 상징으로 사용되고 있다. 이스라엘 백성들은 오늘날 굳이 누룩 없는 빵을 먹지 않아도 됨에도 불구하고 그들은 아직도 무교절을 지킨다. 누룩은 하나님을 신뢰하고 붙잡는 장치가 되었다.

이스라엘은 지금도 누룩 없이 빠져나왔던 그날을 기념하며 지킨다. 한 개인 차원, 가정 차원을 넘어서서 국가 차원에서 누룩을 의도적으로 없애며 그날을 기억한다.

개인도 집 안에 조금의 누룩도 없게 하기 위하여 청소를 하고 혹여나 남아있을 누룩이 있을까 모든 식기를 삶아낸다. 아이들과는 떨어진 빵 부스러기 찾기 놀이를 진행한다. 아이들은 이 놀이를 경험하면서 도리어 그 빠뜨린 준비물을 통해 하나님을 경험하게 된다.

상점들도 누룩 없는 삶의 자리를 만들기 위하여 누룩이 들어간 모든 상품들을 미리 판매해 없애버리거나 보이지 않게 완전히 가려놓는다. 이 일들은 그저 빵집에 해당하는 문제가 아니다. 누룩이 들어간 모든 화장품, 사료, 공업 용품 등 사회 전반 모든 곳에서 그것을 찾아 없앤다. 그 귀찮은 일을 하면서 하나님의 역사하심을 인정하는 것이다.

심지어 국가도 누룩이 들어간 모든 물건들과 국가의 소유물들을 주변 국가에 팔아넘긴다. 그것도 싼값에. 그리고 무교절이 끝나고 나면 그 물건을 그대로 비싼 값에 다시 구매해 사 온다. 이 얼마나 큰 손해인가?

그런데도 불구하고 그들이 미련해 보일 정도로 누룩을 없애는 시간을 가지는 이유는 단 하나다. 눈에 보이는 이득을 취하기 위함이 아니라, 과거 조상이 해왔던 실수를 다시 범하지 않고, 그 실수마저도 하나님이 역사하시는 자리가 되기 바라며 진행하는 것이다. (이스라엘이 다 잘했다고 훌륭하다고 하는 말이 아니다.) 그들의 전 국가적 행동은 하나님을 향한 강한 의지를 보여주기에 충분하다.

오늘 우리는 어떠한가? 우리의 가정 가운데 누룩은 무엇인가? 샅샅이 찾아내야 하는 가정의 누룩은 무엇인가? 하나님 없이 지냈던 지난날의 회고가 누룩일 수 있고, 그간 지었던 여러 죄의 내용들이 누룩일 수도 있다. 감사하지 못하고 불평했던 나의 모습, 우리 가정의 모습이 누룩일 수도 있고 서로 간의 마음에 남아있는 앙금이 누록일 수도 있다.

그 모든 것마저도 하나님 앞에 내어놓고 온 가족이 둘러앉아 하나님께 기도하며 나아갈 때 가정은 하나님과 더욱 친밀해질 수 있다.

우리의 실수마저도, 우리의 허점마저도 주님께 맡기고 있는지 돌아보아야 한다. 하나님이 함께하시는 한, 우리 한국교회와 다음 세대는 죽지 않는다. 광야에서도 먹이시고 입히셨던 하나님이 오늘 우리와도 함께하기를 원하신다.

우리 각 가정에 있는 아픔, 허점, 공허, 믿음 없음마저도 하나님께 아뢰고 맡길 때에 하나님은 우리를 광야를 지나 가나안에 도착하도록 인도하시리라 믿는다.

부모 미션

1) 천국에 갈 때 '이것만은 가져갔으면 해' 하는 준비물을 보이지 않게 상자나 주머니에 넣고 보이지 않게 만져보고 맞춰보도록 하자. 그리고 왜 천국에 필요한지 이유를 들어보자.

2) 아이들과 함께 여러 성경 인물들을 선택하고 그 사람들이 빠뜨리지 않고 챙겼던 준비물들이 무엇이 있는지 찾아보자. 그리고 그 준비물들을 통해 하나님이 어떻게 역사하셨는지 알아보자. (ex:다윗-다섯 개의 돌멩이, 모세-지팡이, 예수님-멍에)

3) 아이의 학교 준비물과 아빠&엄마의 출근 준비물을 상대방 가방에 담아보고 꺼내어 소개해보자.

기도문

우리를 위해 늘 최선의 길을 준비하시는 하나님 아버지!
부족한 우리이지만 오늘도 주님을 신뢰하며
나아가기를 소망합니다.
우리를 붙들어주시고 인도하여 주시옵소서.

행위와 겉치레에만 집중하지 아니하고 맡겨주신 사명과 숙제를 다
하고 주님께 잘 제출을 마치는 여정을 끝까지 걷게 하여 주옵소서.
또한 하나님의 사인을 잘 인식하며
필요한 다음 세대를 살리고자 하는
준비에 최선을 다하는 우리 모두가 되게하여 주옵소서.
그리고 내가 하는 것이 아닌, 부족한 나이지만,
때로는 놓치고 빠뜨리는 나이지만 하나님이 준비해주시기를
기대하며 동행하며
승리하는 우리가 되게 하여 주옵소서.
예수님의 이름으로 기도합니다. 아멘.

6
반대로

학교에서 교목으로 근무하게 된 1년 차 때의 일이다. 아이들과 조금이라도 더 빨리 친해져 보고자 이벤트를 열게 되었다. 아이들에게 간식을 뿌리기로 한 것이다. 그래도 나름 교육전공자인데, 그냥 줄 수는 없고 작은 교육목적이라도 담아내고자 한 가지 제안을 했다.

"예수님은 늘 인간에게 져주는 삶을 사셨으니 예수님을 닮고자 가위바위보에서 지는 사람에게 간식을 줄게!"

아이들이 앞에 내용을 들었는지 못 들었는지는 모르겠고 교목실 밖에까지 줄을 서서 나에게 가위바위보 대결을 신청했다.

당연히 내 원래 목적은 내가 가위바위보에서 이겨서 아이들이 지도록 만들고, 지는 것이 좋은 것, 이기는 것이라는 것을 알려주고, 한 명이라도 더 간식을 챙겨주는 것이 목표였다.

그래서 난 최대한 더 일찍 가위바위보를 내고 쉬운 패턴으로 아이들이 간식을 받을 수 있도록 노력했다.

그런데 웬 걸... 아이들은 자기도 모르게 이기는 습관이 되어 있다 보니 내가 낸 가위바위보를 버젓이 보고도 이기는 패를 내는 것이었다.

한번은 아이들이 열 명 정도 줄을 서 있었는데, 이럴 수가... 10명의 아이들이 연달아 내게 이기고 만 것이다. 한 명도 간식을 받지 못하게 되었다. 난 이기려고 했는데 도리어 10번 모두를 져버린 것이다. 속으로 이런 확률이 다 있나.. 싶었는데 한 아이가 그 자리에서 명언을 남기게 되었다.

"목사님! 모두 지셨네요. 지는 것이 예수님 닮은 모습이라고 말씀하시더니 예수님 닮은 삶을 사시네요!"

헉... 이것이 무슨 뜻인지 알고 말한 것인지, 모르고 말한 것인지 모르지만 난 가위바위보 덕분에 예수님 닮은 목사가 될 수 있었다. 그 날 있던 간식의 한 웅큼을 그 아이에게 쥐여주었다.

오늘 우리는 우리의 자녀들에게 어떠한 교육을 하고 있는가? 지는 교육을 하는가? 이기라고 교육하고 있는가? 성경에서 예수님은 대부분 지는 삶을 사셨다. 때로는 악에게 맞서서 이기셨지만 그마저도 세상적인 이기는 방법(경쟁, 폭력)이 아닌, 세상적으로 보면 지는 방법을 통해 이기는 모습을 보이신다.

본인을 팔아넘길 것을 알고도 잡히시는 예수님, 십자가 고초를 당하시는 예수님, 한없는 약자들을 위해 찾아가시고 더 낮은 자리로 향하시는 예수님, 늘 져주시는 예수님이다.

우리는 그러한 예수님께 은혜를 입은 자들이고 그 져주심을 통해 구원을 얻은 자들이다. 그런데, 우리는 희한하게도 승리를 원하고 승리의 모습을 가르친다. 예수 믿으면 승리하고 잘 된다는 공식을 우리의 자녀들에게 주입시키게 된다.

물론 승리한다. 최후 승리는 예수에게 있다. 하지만 이 땅에서는 철저히 지는 삶을 살아갈 때 최후 승리가 주어지는 것인데, 우리는 여기서도 이기고 나중에도 이기고 도통 질 생각을 하지도 않고 지는 것을 교육하기 꺼려 한다.

신앙과 천국에 관해서도 수많은 천국에 관한 구절은 가려두고 "천국은 침노하는 자의 것"이라고 말하며 전투적으로 경쟁하고 이기라고 아이들을 종용한다.

우리의 자녀들이 때로 예수님에게서 멀어지는 이유가 무엇일까? 여러 이유가 있겠지만 그중에 하나는 이것이다. 부모님 말씀대로 예수 믿으면 세상에서 무적이 되고 다 이기는 줄 알았는데 막상 지기 때문이다. 세상 사람들처럼 똑같이 패배하기 때문이다. 아니, 오히려 세상 사람들보다 신앙으로 인해 더 많은 고난을 겪고 더 많이 패배하는 경험을 하게 된다.

그때 아이들에게 괴리감이 온다. "예수님 믿는데 왜 이래?" 믿음이 부족해서 패배했다고 처음에는 착각하다가 나중에는 믿어도 소용없구나… 예수님은 힘이 없구나 생각하며 멀어지게 된다.

우리는 예수님에 대해 다시 가르쳐야 한다. "예수님을 믿으면 진다."라고 "예수님은 늘 지셨다"라고. 우리는 세상과 다른 룰을 가지고 살아가게 되는 사람들이며, 세상 사람들에게 져주는 사람들이라는 것을 가르쳐야 한다. 하지만 지는 것이 약한 것은 아니며, 더 강한 자만이 사랑의 마음으로 져줄 수 있다고 알려주어야 한다.

그리고 우리가 고난을 겪거나 때로는 패배하거나 내 뜻대로 되지 않는 그 절망의 순간, 지는 순간에도 주님은 여전히 함께 계시며 우리를 위해 세상은 알 수 없는 최후 승리를 이미 준비해 놓으셨다는 것을 가르쳐야 한다.

  물론 나도 그렇고 믿는 사람들도 사람이기에 우리는 고난을 피하기 바라고, 내 뜻이 이뤄지기 바라고, 잘 되기를 바라고 건강하기를 바란다. 합격하기를 바라고 성공하기를 바라고 더 많이 가지기를 소망한다. 그것을 구하는 것이 나쁜 것도 아니다. 때로는 정말로 주시기도 한다.

  하지만 우리와 우리 자녀는 늘 반대의 것도 감사함으로 받을 수 있어야 하며, 그것을 아이들에게 가르쳐야 한다. 지는 것이 주님의 뜻이라는 것을. 예수님이 세상에서 일부러 져주셨기에 구원이 있었고 우리가 오늘을 살아갈 수 있으며, 하나님의 뜻이 이루어진 것이라고.

  가위바위보를 "져줄 수 있다"라는 생각을 하는 것은 줄 선물을 등 뒤에 한가득 소유한 자만이 할 수 있다. 선물을 갖고 있지 않은 도전자가 할 수 없는 생각이다. 오늘 우리에게는 복음이라는 그 귀한 선물이 있고, 우리만이 세상에 져줄 수 있다. 우리는 반대로의 선택을 하며 가는 자들이다.

성경 속 반대로 간 사람들

성경 속에도 예수님을 닮은 모습으로 세상과 반대의 길로 향한 사람들의 이야기가 들어있다. 그중에서도 기독교교육과 관련된 본문을 떠올리자면 가장 먼저 생각나는 이야기가 있다. 바로 누구나 잘 아는 '중풍병자 치유 사건' 이야기다.

예수님께서 마을에 들어오셨고 집에 머물게 되셨다. 많은 병자를 고치셨다는 소문이 들려왔고 예수님의 집 앞에는 굉장한 인파가 몰리게 된다. 사람들은 저마다 생각하고 달려간다.
"이번이 기회야! 나 여기 좀 고쳐야겠어!"

누군가는 자신의 병을 고쳐보고자, 누군가는 신비로운 쇼를 보기 위해, 누군가는 남들이 그냥 달려가니까 뭔지도 모르고 예수님의 집으로 향해 달려갔을 것이다.

그런데, 그 순간 모두가 예수님께로 향해 달려갈 때 황당한 네 사람이 등장한다. 정반대로 달려가는 네 사람이 있었다. 예수님보다 더 대단한 스타가 등장해서 달려갔을까? 아니면 급한 용무가 있었을까? 무엇이 그들로 하여금 정반대로 뛰어가게 만들었을까?

우리는 너무나 잘 알고 있다. 자기 자신을 위해서가 아니라, 홀로 움직일 수 없는 한 병자를 위해 그들은 달려갔다. 가족인지 친구인지 동네 사람인지 정확한 정보는 말씀에 등장하지 않는다. 하지만 긴 부연 설명 없이도 알 수 있는 것은 달려간 이 네 사람은 "예수님"이라는 이름을 듣고 자기 자신보다 먼저 떠올린 타자가 있었다는 것이다.

이 네 사람이라고 아픈 곳이 없었을까? 이 네 사람이라고 예수님 앞자리에 앉고 싶지 않았을까? 이들도 분명히 욕구가 있었을 것이다. 다른 이들보다 먼저 달려가 앉고 싶은 승리의 욕심이 있었을 것이다. 그러나 그들은 그것을 기꺼이 포기했다. 다른 이유 없이 오직 타자를 위하여.

그리고 그들은 반대로 달려가 병자를 침상째 통째로 어깨에 메고 뒤늦게 예수님께로 향하게 된다.

오늘 기독교 교육은, 교회 현장과 가정에서의 신앙교육의 현장마저도 예수님께로 가장 먼저 달려가라고 아이들에게 외친다. 그것이 좋은 신앙이라고, 신앙은 어차피 개인전이니 너 먼저 은혜받아야 한다고 말한다. (물론... 열심을 내라는 좋은 의미이겠지만...)

하지만 놀랍게도 성경에서 놀라운 은혜는 가장 먼저 뛰어간 자들이 아닌, 가장 뒤늦게 친구를 어깨에 메고 온 자들과 그 아팠던 병자에게 주어진다. 오늘 우리의 교육의 방향이 둘 중 무엇인지 돌아보아야 한다.

말씀에서 그들은 기껏 침상을 메고 왔는데 거대한 인간벽에 가로막히게 된다. 주님을 찾아왔는데, 주님을 원해서 온 다른 이들로 인해 벽으로 막힌다... 아이러니한 상황이다.

보통은 이 정도 했으면 기다리거나 포기할 법도 한데, 이 네 사람은 멈추지 않고 벽을 오르기 시작한다. 모두가 예수님 보기 위해 정문을 고집하는데 이들은 지붕을 오르게 된다.

교육은 예수님을 만나도록 하는 것이 목적이지 정문으로 들어가는 것이 목적은 아님을 시사한다. 대한민국의 많은 기독교 교육은 같은 방법에 같은 커리큘럼에 가장 편한 정문만을 고집하고 있다. (나도 마찬가지다) 새로운 시도를 하는 것이 불온하다고 느끼는지... 모든 사역자와 모든 부모는 지붕을 오르는 패기가 필요하다.

바울도 이야기하지 않았는가?

"그러면 무엇이냐 겉치레로 하나 참으로 하나 무슨 방도로 하든지 전파되는 것은 그리스도니 이로써 나는 기뻐하고 또한 기뻐하리라"(빌 1:18).

겉치레와 무슨 방도가 중요한 것이 아니라, 그리스도를 만나도록 하는 것이 중요하다. 교회, 그리고 특별히 부모님은 자녀의 신앙적 계승자로서 겉치레가 되었던 무슨 방법이 되었든 지붕을 올라가든 땅을 뚫고 지하를 파든 내 자녀를 위해 신앙을 전파하기 위해 애써야 한다. 힘든 작업이 되겠지만 바울의 고백처럼 그 결과는 가장 큰 인생의 기쁨으로 나타날 것이다.

잠깐 딴 얘기이기도 하지만 개인적으로는 목사이기 전에 신앙의 전파자인 아빠로 아이 앞에서 성경 인물 분장도 해보았다. 물론 말씀을 준비하고 전하기 전에 실험(?)을 해본 것이지만 단 위에서 설교하는 것과 아이 앞에서 하는 것은 천지 차이인데 내 아이를 위해 단 한 번의 설교를 해주고 싶기도 했다.

가짜 산타인 것을 알아도 아이들이 행복해하고 기뻐하는 것처럼 이 글을 읽는 부모도 하루쯤은 잘 준비하여 아이에게 성경 인물이 되어 보길 추천한다. (목사니까 한 거죠... 아니다. 부모는 자기 자녀의 1인 맞춤 설교자가 되어야 한다.)

다시 본 이야기로 돌아와서 그들은 거침없이 지붕에 올라가 지붕을 뜯어내기 시작한다. 그 장면을 상상해보라. 지붕이 열리는 순간 하늘의 빛이 집안을 비추기 시작한다. 그리고 그 따사로운 햇살이 예수님에게 핀조명처럼 비추기 시작한다. 모든 사람들이 구멍 난 하늘을 바라보기 시작한다. 그리고 한 사람이 침상째 내려온다.

"많은 사람이 모여서 문 앞까지도 들어설 자리가 없게 되었는데 예수께서 그들에게 도를 말씀하시더니"(막 2:2).

침상이 내려오기 전까지 예수님은 무얼 하셨나? "도"를 말씀하고 계셨다. 정확히 어떤 내용을 말씀하셨을지 알 수 없고 추측을 할 뿐이다. 다만 오늘 이야기와 무관한 내용을 전하고 계시지는 않았을 것이다.

성서학자가 아니기에 이것이 맞는 상상인지, 이론적으로 확실한지는 알 수 없으나 필자는 이 시간에 울려 퍼지고 있던 예수님의 도는 "반대로 가는 삶", "하나님 나라의 복음"이지 않았을까 생각해본다. 그리고 아주 정확한 순간에 구멍이 뚫리며 예수님의 성경 공부 교재가 하늘에서 내려온 것이 아닐까 상상해본다. 기독교 교육자로서 최고의 타이밍에 최고의 교육자료를 알 맞춤으로 쓰는 것이 좋은 교육자이니, 예수님은 분명 최고의 교육자셨을 것이다.

모두가 나 자신을 위해 달려 나올 때 '타자'를 먼저 인식하는 것, 남들이 서로를 밀치며 벽을 만들며 예수님 앞 좋은 자리를 차지하려 할 때 반대로 나아가는 삶, 모두가 정문만을 고집할 때 지붕을 오르고 구멍을 내는 삶, 그것이 하나님 나라라고 선포하셨으리라!

우리의 자녀들이 하나님 나라의 도를 품기를 원한다? 그렇다면 반대로 가야 한다. 세상의 경쟁보다 타자를 배려하고 환대하는 삶이 맞다고 부모가 먼저 외치고 그 삶을 지향하며 살아내야 한다.

우리의 자녀들이 하나님 나라의 도를 알기를 원한다? 그렇다면 내 편안한 어깨를 우리의 자녀들에게 내주어 더 많은 시간을 신앙교육에 할애하며 우리 아이들을 주님께로 옮기기에 힘써야 한다.

우리의 자녀들이 하나님 나라의 도를 살아내기를 원한다? 세상의 눈치를 보지 말고 주님 눈치만 보며 과감히 지붕을 뚫고 더욱 기도하는 부모가 되어야 한다.

이 본문에서 주님은 그렇게 지붕을 뚫고 내려온 병자를 부르신다. "병자야!"라고 부르지 않으시고 이렇게 부르신다. "작은 자야!"

원어로 찾아보니 "테크논"이라는 단어다. "어린이"라는 뜻도 있다.

"자녀"라는 뜻도 있다. 주님 앞에 놓여진 그 어린이, 그 자녀는 치유를 받고 구원을 받고 죄사함을 받으며 스스로 침상을 들 수 있는 사람이 된다.

본래 중풍병자. 곧 마비된 자였다. 오늘날 우리의 자녀들은 신앙적으로 혼자 주님을 찾아가기 어려워진 마비된 자들에 가깝다. 그러한 우리의 자녀가 스스로 침상을 들고 자기 발로 세상으로 나아갈 수 있게 되는 그 장면을 상상해보라! 얼마나 기쁜 장면인가.

그렇다면 이 순간 가장 기쁜 사람은 누구일까? 예수님도 기쁘시다. 병 고침을 받은 사람도 기쁘다. 그런데 이상하게도.. 본문을 곱씹으면 곱씹을수록 가장 기뻐하는 사람들이 보인다. 지붕에서 이 모든 모습을 목격하고 어깨를 내어준 그 수고를 인정받은 그 네 사람이 가장 기쁘지 않을까 생각한다.

나와 여러분, 우리 부모가 그 기쁨을 누렸으면 좋겠다. 어떻게.. 여러분 어깨 쓰실 준비 되셨습니까?

내 삶 속 반대로

지금 난 인천제일교회의 부목사로 지내고 있다. 교구 목사이면서, 모든 교육부서를 총괄하는 교육 디렉터로 지내고 있다. 너무 자연스럽게 목사 행세(?)를 하며 지내고 있는데, 가끔 문득 '내가 정말로 목사가 되었다고?'라는 생각이 들 때가 있다.

왜냐하면 난 내가 정말 목사가 될 줄 몰랐다. 초등학교 시절 뭐가 뭔지 아무것도 모를 때, 하루에도 꿈이 수십 번씩 바뀌던 시절에 부모님 앞에서 나중에 목사님 될래요! 라고 말한 적은 있었다.

하지만 개척교회를 하시며 여러모로 힘들어하시는 부모님의 모습을 보면서, 또 신앙이 자리잡히지 않은 상태에 질풍노도의 시기를 겪으면서 내 생각은 확고해졌다.
'아무거나 되도 돼. 다만 목사는 안 할 거야'라고.

고등학교 2학년쯤부터 부모님과 많은 마찰을 빚기 시작했다. 부모님은 내가 목사가 되기를 바라셨고 난 거절하기에 바빴다. 믿음이 없는데 목사가 된다는 것은 말도 안 되고 너무나 부담이었고 힘들었다.

그러다가 결국 부모님의 강압에 타협했다. 고3 수능이 끝나고 다른 두 곳은 일반대학교, 일반학과에 지원하고 단 하나의 원서만 마지못해 신학교에 '형식상' 지원하게 되었다. 그 원서를 쓰면서도 속으로는 시간 낭비, 돈 낭비라고 생각했다. 갈 일이 절대 없었다고 생각했기에.

그리고 사건이 터졌다. 원서를 쓰고 그 주 주일이 지난 월요일이었다. 새벽에 처음 겪어보는 극심한 통증이 찾아왔다. 눈이 뒤틀리는 것 같고 쥐어짜는 극한의 고통이었다. 눈을 손으로 부여잡고 거울을 보니 앞에는 눈이 징그럽게 튀어나온 괴물이 서 있었다.

작은 동네 안과에 갔지만 큰 병원으로 가라는 이야기를 들었다. 하루 이틀 자면 괜찮아지겠지라고 생각했던 기대가 점점 공포로 다가왔다. 그렇게 찾아간 대학병원에서 들은 병명은 '안구 종양'이었다. 정확히는 눈 뒤에 핏줄에서 커다란 종양이 터져 나왔고 눈 뒤에 조금 있는 공간에서 눈보다 더 큰 덩어리가 눈을 밀고 있다는 것이었다. 이 정도의 상황인데 실명을 안 한 것이 이상하고 이대로 두면 실명할 것이라고 이야기했다. 19살 청소년에게는 감당하기 어려운 결과였다. 그리고 수술을 할 수는 있는데, 얼굴 뼈를 전부 절개해야 하는 대수술을 거쳐야 한다는 것이었다. 평생 큰 흉터를 갖고 살아야 하고 수술 중 실명할 위험이 매우 크다는 자세한 설명을 굳이 다 해 주셨다.

하늘이 무너졌다. 나쁜 짓은 그다지 하지 않고 살아간 내가 왜 이런 병을 얻어야 하는지 화가 났다. 평소에 식기도나 겨우 하는 정도의 신앙이었던 내가 그날부터 하나님께 기도하기 시작했다.

고쳐 달라는 기도가 아니었다. 내가 할 수 있는 모든 분노와 원망을 쏟아내기 시작했다. 억울함을 토로했다. 무능한 신이라고 욕도 했던 것 같다.

지금 상황이라면 하지 않을 반대의 행동과 반대의 기도를 드렸다. 지금 생각하면 그 원망과 분노의 말들을 듣고 내가 하나님이면 다른 한쪽 눈도…(?)

물론 자비하신 하나님께서 그러시지는 않겠지만 어린 마음에 나는 반대로 행했다. 그러나 나는 반대로 행했으나 하나님께서는 나의 길을 바른길로 인도하기 시작하셨다.

그 어마어마한 상황을 점차 담대하게 받아들이게 되었고 하나님이 계신다면 이렇게 벌어진 상황이 이해는 되지 않지만 이유만큼은 분명히 있을 것이라는 생각이 들었다.

그리고 그 순간, 나를 위해 함께 밤새 눈물 콧물을 쏟으며 기도해주는 부모님을 볼 수 있었다. 당시에는 하나님이 계신지 정확히는 모르겠지만 만약 하나님이 없더라도 하나님께 저렇게 간절히 매달리는 부모님은 있어서 참 다행이라는 생각을 했다. 그리고 보이지는 않지만, 아직 분명히 믿지는 않지만 나도 하나님께 매달리기로 작정했다. 나는 반대로 행했지만 그곳에도 하나님은 계셨다.

놀라운 일이 생겼다. 해외에서 들어온 새로운 의학 기술이 있었고 국내 1호로 나에게 시행이 되었다. 그것도 우연히 찾아간 서울도 아닌 동네 대학병원에서 말이다. 신기하게도 그 의사 선생님은 크리스천이셨고 수술 전 기도를 해주셨다. 짧은 기도였지만 정확히 기억한다. "이 수술, 하나님이 함께하시는 줄 믿습니다."(기독교 재단의 병원도 아니었는데 신기하다)

그렇게 나는 흉터 하나 남기지 않고 그 커다란 종양 덩어리를 눈 뒤에서 꺼낼 수 있었다. 그리고 개척교회 목회자로 가난한 우리 집 수술비가 걱정이었는데, 어디서 들었는지 수많은 믿는 자들이 소식을 듣고 전해주어 모든 재정이 다 채워지는 일을 보게 되었다.

그리고 그 병상에서 합격 소식을 듣게 된다. "장신대 합격" 나도 모르게 웃으며 기도했다.

"가요. 가. 반대로 가려 했는데 어쩔 수가 없네요 참."

그리고 오히려 조금 남았던 수술비가 신학대학 첫 등록금으로 딱 들어맞았다.

물론 이렇게 은혜로운 스토리로 부르심의 이야기가 끝나지는 않는다. 계속 나는 다시 고민했고 의심했고 반대로 가려고 애썼다. 하지만 그때마다 그 길목에 늘 하나님이 버티고 계셨고 함께하자고 요청하셨다. 사역자로서, 기독교 교육자로서 한참 모자라고 부족한 자이지만 그래도 어디로 가든지 하나님이 계실 거라는 생각에 지금도 걷고 있다.

그리고 처음에는 엄청난 고침을 받아서 내가 이 자리에 있다고 생각했는데, 목사가 되어서 지금 돌아보면 생각이 달라졌다. 만약 그때 고침을 받지 못하고 눈이 실명이 되었다면 평생 하나님을 원망하고 등을 돌리고 살았을까? 아니다. 또 그 나름대로 그 안에서 결국은 하나님을 발견하게 되고 하나님을 의지하며 다른 모습, 다른 자리에서 살고 있지 않았을까 싶다.

우리가 반대로 걷느냐, 똑바로 걷느냐보다 늘 우선되는 것은 주님이 내 삶에 찾아오시느냐 아니냐일 것이다. 반대로 걸을지라도 주님이 함께하시면 바른 길이 되고, 똑바로 걷는다고 죽어라 걸어도 주님이 부재하시면 그것은 잘못된 길이 된다.

요나도 그러하지 않았는가. 니느웨로 가라고 하시는데 정반대로 향한다. 그리고 커다란 물고기 입속에 빠지는 스토리가 그려진다. 반대로 가면 하나님이 없을 것이라고 생각했는데 그곳에 하나님이 계셨다. 반대를 택했으나 요나와 끝까지 함께하시는 하나님이 계셨기에 그의 '물에 빠진 스토리'마저 성경이 되고 우리에게 나아가야 할 방향을 제시해주는 자료가 되었다.

니느웨 백성이 회개하지 않기를 바라는 반대되는 마음으로 대충 선포하고 전했으나 하나님이 함께하시니 모든 백성이 회개하고 재를 뒤집어쓰는 놀라운 영적 각성 운동이 벌어졌다.

늘 우선되는 것은 우리의 의지와 노력보다 하나님의 개입이라는 것을 명심하자.

그러기에 기독교적 자녀 양육의 최우선은 무엇을 교육하느냐보다도(물론 최선을 다해야 한다) 주님의 도우심을 구하는 '기도'일 것이다. 난 절망 가득한 병상에서 부모님의 기도하는 모습을 통해 주님을 만났다. 기도하는 부모의 모습은 자녀에게 하나님의 살아계심을 보여주는 가장 귀한 자료가 된다.

반대로 걸어가고 있는 자녀가 있는가? 멈추지 말고 저 반대쪽 끝까지라도 주님이 함께 걸어가 주시기를 기도하며 버티시길 응원한다.

부모 미션

1) 자녀와 함께 정해진 시간 동안 반대로 말하기, 행동하기 게임을 진행해보자. 그리고 소감을 한 번 나눠보자.

2) 좋아하는 성경 인물을 택하여, 원래 했던 행동과 반대로 했다면 어떻게 되었을지 이후 이야기를 말해보자. (ex : 롯의 부인이 뒤를 돌아보지 않았다면? 가롯 유다가 예수님을 팔았다가 회개하러 돌아왔다면?)

3) 아이들과 함께 예수님의 모습 중 세상 사람들과 반대로 하셨던 모습들을 찾아보자.

기도문

어디로 가든지 우리와 늘 함께하시는 임마누엘의 하나님!
오늘도 우리는 나아가야 할 바를 잘 알지 못합니다.
그리하여 주님께 의지하며 나아가오니
우리의 길 가운데 늘 동행하여 주시옵소서.
바라옵기는 세상이 말하는 좋은 길과
반대되는 길로 가셨던 주님 가시는 길을 걷기를 소망합니다.
나의 욕심을 내려놓고 주님과 걸어가게 인도하여 주시옵소서.
때로는 실수하여 잘못된 길로 나아가기도 하는 우리입니다.
그러나 그마저도 주님의 도구로 사용해주시고
은혜를 채워주셔서 주님의 뜻이 이루어지는 우리,
우리 자녀의 삶이 되게 하여 주시옵소서.
세상과 다른 길을 걷는 자녀로 내 아이를 키우기를 원합니다.
세상보다 주님께 칭찬받는 자녀 되게 하옵소서.
예수님의 이름으로 기도드립니다. 아멘.

7

양

교목 시절 어느 한 성경 수업 시간이었다. "옛날에는 사람들의 죄를 사함 받기 위해서 양을 잡아야 했어요." 그렇게 평범한 수업을 진행하고 있었는데, 별 대단히 심각한 이야기도 아니었는데 저 문장이 끝나자마자 한 아이가 흥분하며 열을 내기 시작하는 것이었다. 수업을 끊고 따지기 시작했다.

"목사님! 왜 불쌍한 양 가지고 그래요? 하나님 참 너무하시네요!" 속으로 생각했다. '아… 자연과 동물을 매우 아끼는 아이인가보다. 동물을 아끼고 사랑해서 화가 났구나?'

그리고 실은 나도 어릴 적부터 양들은 도대체 무슨 잘못이길래 그럴까? 라는 생각을 한 적도 있었고 아이의 말에 충분히 수긍이 갔다. 그러면서도 동시에 이 상황을 어떻게 모면해야 할까? 하나님이 양을 하찮게 여기거나 미워하는 것은 아닌데 뭐라고 설명해야 할까 대답을 고민했다.

그런데 나의 추측은 완전히, 정말 완.전.히. 빗나갔다. 아이의 다음 한 마디가 몹시 당황스러웠다.

"저, 양 씨란 말이에요!"

이게 무슨 말인가? 아...동물을 사랑해서, 양을 안타깝게 여겨서 외친 것이 아니라, 그냥 본인이 양 씨여서 기분이 나빴던 것이다. 그렇다. 내가 있는 이곳이 대학교 교양 강의 시간이 아니라는 사실을 깜빡했다. 여기는 초등학교였는데 말이다. 너무 황당하고 당황스러웠다. 그런데 무슨 생각인지 너무 어이가 없어서 나도 어이없게 초등학교의 시선으로 대답해주었다.

"야, 예수님도 양 씨거든!?"
갑자기 아이가 고개를 갸우뚱한다. 그리고 나는 한 마디를 덧붙였다.
"외국에서는 성이 뒤에 있잖냐? 하나님의 어린 양!!"

아마 중고등학생이나 청년이 들었으면 썰렁하다고 짜증 냈을 법한 그다지 좋지 못한 선택의 답변이었다. 그런데 이곳은 초등학교다. 좀 전까지만 해도 소리 내었던 그 아이가 금세 웃으며 좋아하고 있다.

"오예! 나 그럼 예수님이랑 친척이다!"

아마 이 글을 읽는 독자분들도 '이게 뭐람'이라고 생각하셨을지 모르겠다. 하지만 이 요상한 대화 속에서 알 수 있는 것이 있다. 우리 자녀들에게 신앙교육을 함에 있어서 때로는 논리보다 강한 것이 있다는 것이다.

물론 성경 공부도 해야 하고, 교리를 잘 알고 있어야 하며, 논리적이고 체계적으로 우리의 신앙을 세워갈 필요도 있다. 예수님에 대하여, 창조주 하나님에 대하여, 성령에 대하여 학자들이 신학적으로 정립한 내용들을 이해하고 오해하지 않으며 하나님을 내 안에 모셔야 하는 것이 맞다. 배워야 한다.

하지만 우리 부모들이 만난 하나님이 처음부터 논리적이었는가 돌아보아야 한다. 하나님의 전적인 사랑, 예수님의 십자가 은혜가 과연 논리적인가? 사람의 머리로는 이해되지 않는 비논리적인 사랑을 우리에게 보여주셨다.

우리가 하나님에 대하여, 신앙에 대하여 논리적으로 따지면 따지려 할수록 우리가 받는 모든 것이 결국은 논리적이고 상호적인 대가가 아니라, 비논리적인 '은혜'라고 말할 수밖에 없음을 깨닫게 된다.

하물며 어른보다 훨씬 더 비논리적인 사고를 하는 아이들에게 우리는 너무 어른의 시각으로 다가가고 있지는 않는지 돌아볼 필요가 있다.

내 사랑하는 아이에게 조금 더 많은 시간을 함께 지내고 안아주는 것, 그것이 신앙과 무슨 상관이 있겠어? 라고 생각이 들 수 있지만 성경 공부가 아니라 그 함께하는 시간을 통해 아이들은 하나님을 알게 된다.

아까 수업 시간처럼 아이들에게 던지는 유치한 신앙적 농담 한 번이 아이들에게는 평생 각인되는 예수님과의 친밀함이 될 수 있다.

교회에 함께 예배하고 다녀오는 날, 가족끼리 아이가 좋아하는 외식을 함께 늘 반복하는 그 패턴(Pattern)과 루틴(Routine)이 아이에게는 예수님은 좋은 분! 이라는 각인이 새겨질 수 있다.

주일만큼은 어떠한 잘못도 다 용서해주고 너그러운 마음으로 웃어준다면 아이들은 평생 주일을 참된 안식일로 누리며 기다리는 날로 삼을 수 있다.

부모가 자녀 사랑하는 이유를 논리적으로 설명할 수 없듯이 아무리 따져봐도 하나님이 우리를 사랑하는 이유를 논리적으로 설명할 수 없다. 논리의 하나님을 넘어서는 설명할 수 없는 하나님을 여러분의 자녀에게 보여주길 바란다.

이후 아이가 자라고 세상은 하나님을 놓치게 하려고 수많은 논리를 자녀에게 들이대고 흔들 것이다. 시간이 아깝다는 둥, 논리적으로 어떻게 신이 있냐는 둥, 신이 있다면 이 세상이 왜 이 모양이냐는 둥, 평생 동안 아이들은 논리를 통해 신앙의 흔들림을 경험할 것이다.

그때 아이들의 입에서 이 고백이 나와야 한다.
"설명 못 해. 그런데 그냥 하나님이 좋거든? 그냥 내 가족이거든?"

자기가 양 씨라서 양이 불쌍하게 느껴졌던 그 한 아이처럼, 같은 그리스도의 피라서 예수님을 놓지 못하는 아이로 자라야 한다.

자녀의 신앙의 길에 더 많은 비논리적인 장치들을 만들어 주는 것. 그것이 부모의 역할이다.

일상 속 양

필자는 인천에 거주 중인데, 아이가 어린이집을 다니던 시절에 인천 논현동에 있는 '늘솔길 공원 양떼 목장'에 자주 다녀왔다. 그 목장에 가면 입장료도 없이 정말 많은 양들을 구경하고 먹이도 주고 관찰할 수 있다.

가서 보면서 들었던 생각은 '애들도 고민이 있을까? 때 되면 먹이 주지. 사람들이 좋아하지. 맹수의 위협도 없지. 건강관리도 해주지. 행복한 양들이네.'였다.

양떼 목장에 아이를 데리고 처음 갔던 그 날을 잊을 수 없다. 당시 아들은 3살밖에 안 되었었다. 무서워하지는 않을까? 신기해하겠지? 라고 생각하고 찾아갔는데 아들이 양을 만져보더니 보면서 외치는 첫 마디는 이것이었다.

"카페트!? 꼬기!?"

당시 집에 쓰던 카페트가 양모로 되어 있었는데 그 느낌과 같으니 "이거" 카페트가 맞냐고 묻는 것이었다. 또 성경 그림 동화에서 읽어 줄 때 들은 것을 기억하는지 구워 먹는 고기냐고 묻는 것이었다. 그 순간 내 아들은 F(감정형)가 아니라 T(사고형)인 것이 분명하다고 느끼게 되었다.

그리고 설명했다. "아니야, 이건 카페트가 아니고 꼬기도 아니고 양이야. 물론 나중에 사람들을 위해 내어주면 카페트를 선물해주기도 하고 꼬기를 선물해주기도 하지만 이 살아있는 동물은 양이라고 불러줘야 해."

문득 그런 생각이 든다. 세상은 우리를 바라볼 때, 또 우리 자녀들을 바라볼 때 쓸만한 카페트인가 아닌가, 가성비가 괜찮은 고기인가 아닌가 몇 등급 짜리인가를 기준으로 판단하고 바라본다. 더 부드럽고 괜찮은 털, 결과물을 내는 사람은 인정받고 더 많은 먹이를 받으며 더 좋은 울타리 안에서 살게 되지 않는가? 세상은 우리가 고기로도 쓰지 못할만한 존재로 전락하게 되면 가차 없이 회사에서도 잘리게 되고 낙오되지 않는가? 세상은 우리를 한 마리의 양으로 바라봐 주기보다는 우리의 결과물을 보고 우리에게 이름을 붙이고 우리를 평가한다.

하지만 하나님은 다르시다. 목자 되시는 예수님은 다르시다. 우리의 털 품질이 어떠한지에는 관심이 없으시다. 몇 등급 고기인지는 평가하지도 않으신다. 그저 이름을 부르시고 잃어버리면 찾으러 다니시고 지키기에 힘쓰신다.

아니, 심지어 양이 아니신데 본인이 양이 되겠다고 선언하시고 똑같이 되셨다. 양을 이해하기 위해서, 양을 더 사랑하기 위해서 본인이 양이 되셨다. 그것이 기독교다.

우리는 그러한 하나님의 사랑을 경험한 자들이다. 그런데 간혹 우리는 큰 실수를 저지르게 된다. 세상은 다 털로 보고 고기로 보아도 우리 부모만큼은 내 자녀를 양으로 보아야 하는데, 우리도 자녀에게 털 이야기를 하고 고기 등급을 올려야 한다고 다그칠 때가 있다. 나도 늘 그러지 않으려고 하는데 나도 모르게 내 자녀에게 그렇게 다가갈 때가 있어 흠칫 놀랄 때가 있다.

대중들에게 설교를 할 때면 하나님은 여러분을 조건 없이 사랑하십니다! 라고 선포하고 외치면서, 정작 가장 무조건적인 사랑을 주어야 하는 내 자녀에게조차 나는 매일 조건을 내걸고 좋은 결과물을 내어야 하는 삶을 재촉하는 큰 실수를 범한다.

또 나 자신도 하나님의 귀한 양인데, 사역을 하면서 늘 스스로를 다그치고 성도들에게도 교회에도 좋은 털을 더 많이 제공하는 사역자로 비춰지기를 바란다. 그래서 더 많은 카페트를 깔고, 더 많은 제품을 만드는 데 혈안이 될 때가 있다. 또 사람의 평가보다 하나님의 시선을 신경 써야 하는데, 사람들 보기에 내 고기 등급이 낮아질까 염려하며 사역하는 실수를 자꾸 범하게 된다.

부모로서, 또 사역자로서, 하나님의 자녀로서 우리는 기억해야 한다. 우리는 카페트가 아니다. 우리는 고깃덩이가 아니다. 우리 주님이 목숨 걸고 지킨 귀한 하나님 나라의 집 자식이다.

성경 속 양

성경 속에 가장 많이 등장하는 동물이 양 아닐까 싶다. 그래서 chatGPT에게 물어봤다. 그랬더니 말이 약 120회, 사자가 약 150회, 나귀가 약 150회, 소가 약 300회, 그리고 역시나 예상한 대로 양이 약 500회 이상 나왔다고 알려주었다. 비유로 많이 사용되기도 하였고 제사 때 쓰기도 하였고, 실제 이스라엘 사람들의 생활 속에 가장 밀접한 동물이었기에 이해가 된다.

양과 관련된 성경 이야기의 최고봉은 단연코 잃은 양을 찾으시는 목자 이야기(눅15)가 아닐까 싶다. 예수님은 말씀에서 모든 세리와 죄인들이 말씀을 들으러 가까이 나아 왔을 때 이 비유를 말씀해주신다. 그리고 도대체 예수님이 또 무슨 말을 하려나 시비를 걸기 위해 바리새인과 서기관들도 그 자리에 함께했다. 그리고 이야기가 시작된다.

우리가 잘 알듯이 양이 백 마리가 있었고 한 마리가 사라졌다. 이 목자는 99마리를 두고 한 마리를 찾아 나선다. 예수님은 너무나 당연하게 한 마리를 찾아 나선다고 이야기하신다. 그래서 그런가보다... 라고 생각하고 지냈는데, 문득 "굳이?"라는 생각이 찾아왔다.

100마리에서 한 마리 없어진 것이 티가 날까? 라는 생각부터, 알아서 올 수도 있지... 라는 생각까지. 양떼 목장에 100마리도 안 되는데도 그다지 티가 안 나는데? 라는 생각이 스친다.

그런데 예수님은 고민의 시간도 없이 "찾아내기까지 찾아 다니지 아니하겠느냐"라고 말씀하신다. 무슨 뜻일까? 그 한 마리... 정확히 알던 한 마리라는 뜻이다. 그 녀석이 없으면 안 된다는 뜻이다. 평소에도 눈여겨보던 한 마리라는 뜻이다. 당연히 찾아야 한다는 말씀이다.

인터넷 서핑을 하다가 재미있는 사진을 발견했다. 군대 훈련소에서 모두가 똑같은 머리를 하고 있다. 같은 옷을 입고 있다. 전혀 누가 누군지 분간이 가지 않는다. 그런데 그 많은 인원 중에서 아들을 보기 위해 찾아온 엄마는 단번에 알아보고 아들에게 달려와 안아준다.

우리 주님의 눈에는 그 한 마리가 없으면 안 되는 것이다. 그렇게 예수님은 찾아 나서신다. 그리고 찾았다! 본문에는 너무 짧게 바로 찾았다고 되어 있어서 그 찾는 과정이 별것 없는 것처럼 느껴지지만 과연 그럴까?

양을 찾으면서 그는 얼마나 수많은 고뇌를 했을까? 자주 가던 곳은 어디인지, 풀이 많은 곳으로 갔는지, 뿔이 덤불에 걸리지는 않았을지, 늑대들이 출몰하는 지역으로 가지는 않았을지, 얼마나 많은 고민을 하며 예상 동선을 따라다니고 애를 썼을까, 마음을 졸였을까 싶다. 그리고 그 이후에 찾은 것이다.

아이가 어렸을 적에 공원에서 잠깐이지만 아이를 잃어버렸던 경험이 있다. 같이 화장실에 데려갔는데 잠깐 일을 보는 사이에 아이가 사라지고 만 것이다.

화장실 주변에 웬 아저씨 무리가 있었는데 순간 머리가 쭈뼛 서는 경험을 했다. 그리고 아이의 이름을 목청껏 부르기 시작했다. "어딨니!!!"

그 짧은 순간에 오만가지 생각이 교차하며 별 신경 쓰지 않고 지나쳤던 전봇대에 붙어있는 '아이를 찾습니다' 전단지까지 떠올랐다. 눈물이 왈칵 쏟아졌다. 내가 울먹거리며 외치는데 어떤 한 아저씨가 말을 걸어왔다.

"애 혼자 저쪽으로 가던데요?"

갔더니 원래 있던 자리에 돗자리에 앉아서 과자를 먹고 있었다. 얼마나 다행이면서 얼마나 속상하던지…

우리 자녀들의 신앙을 찾는 것 또한 그냥 찾아지는 것이 아니다. "찾았다"라는 말을 하기까지 고뇌의 과정, 교육의 과정이 필요하다. 교회에 아이들을 맡기면 알아서 신앙이 자라겠지.. 라는 것은 헛된 기대이다. 우리는 자녀들의 신앙을 찾아주기 위해 고뇌해야 한다.

아이들이 교회와 멀어졌다면 교회보다 더 좋은 풀을 먹고 있을 텐데 그 풀밭이 어디 있고 어떤 풀을 뜯어 먹고 있는지 파악하는 것이 부모의 할 일이다. 혹여나 아이가 즐겨 먹고 있는 풀이 독성은 없는지, 그렇다면 단호하게 먹지 못하도록 끊어줄 수 있는 부모의 선택이 필요하다. 아이들의 신앙 예상 동선을 쫓아가야 한다. 아이들의 학원은 수없이 픽업을 하고 라이드(ride)를 시켜주고 영어 공부는 어떻게 할지 고민하고 계획하면서 신앙에 관해서는 알아서 돌아오리라는 기대를 하는 것은 하나님 앞에서 맡겨주신 영혼에 대한 직무유기다.

그 애씀 뒤에 목자는 양을 찾을 수 있었다. 목자는 양을 찾고 어깨에 메고 오는 기쁨을 누린다. 그런데 이상하지 않나? 목자는 양에게 목줄을 하고 끌고 오지 않고 어깨에 메고 온다. 못해도 30-40킬로그램은 할텐데 왜 끌고 오지 않을까?

여러 가지 의미가 있겠지만 돌아오는 길, 찾는 것은 양의 발로 스스로 가능한 일이 아님을 보여준다. 목자가 나서야 하고 메고 와야 하는 일이라는 것을 보여준다. 교육은 알아서 되지 않는다. 부모와 교회, 교역자, 학교 모두가 자녀를 위해 발로 뛰어야 한다.

또한 본문은 목자가 양이 다른 길로 가서 화가 나지 않았음을 보여주기도 한다. 세상 귀찮게 만드는 말썽쟁이 양으로 인식하는 것이 아니라, 너무나 귀한 자녀를 되찾았기에 자신의 어깨에 양이 편하게 올 수 있도록 해주는 것이다. 부모는 신앙교육을 위해 자신의 어깨를 기꺼이 내어주는 존재이어야 한다. (중풍병자 본문도 그렇고 잃은 양 찾는 본문도 그렇고 어깨가 무겁다. 부모의 어깨는 무거운 것이 맞다) 자녀의 신앙은 하나님께서 부모라는 '도구', '목자'를 통해 되찾도록 허락하신다.

그리고 재밌는 것은 겨우 양 한 마리를 찾았는데 돌아와서 목자는 이웃을 잔뜩 불러내어 함께 즐기자고 파티를 연다. 파티를 여는 비용이나 양의 값어치나 차이가 있을까 싶다. 비용적 측면으로 보면 새로운 양을 구입하고 파티를 열지 않는 것이 훨씬 더 편하다.
하지만 물건이 아닌, 사랑하는 존재이기에 억만금을 지불하더라도 양을 살리는 것이 그분의 목표였다.

오늘 우리는 내 자녀의 신앙교육을 위해 얼마를 지출하고 있는가? 우리 가정의 재정비용에 신앙교육 항목이 따로 있는가? 대부분이 없을 것이다. 영어교육 비용, 수학교육 비용, 문화 비용은 책정을 해두었으면서도 신앙교육 비용은 책정하지 않는다.

오늘부터 당장 신앙교육 비용에 대한 예산을 세워야 한다. 읽을만한 서적을 구입하여 주어야 한다. 기독교적인 색채가 들어간 좋은 영화를 함께 보고 토론하며 비용을 지불 해야 한다. 휴일에 조금이라도 투자하여 기독교 박물관을 갈 수도 있고 기독교 유적지를 살펴보고 오는 것도 방법이다. 예산을 세우고 그것만큼은 양보하지 말고 자녀 신앙교육을 위해 지출을 정해야 한다. 여유가 있는 가정이라면 사립 기독교 학교에 보내는 것도(돈이 아주 많이 들기는 하겠지만) 투자의 방법이 될 수도 있다.

누군가는 지금 이 단락을 보면서 신앙을 돈으로 하는 거냐!? 라고 질문할 수도 있다. 물론 결코 신앙을 돈으로 살 수 없다. 주님이 선물로 주실 때만 가능하다. 그러나 '선물'이라는 단어를 핑계로 삼지는 말아야 한다.

반대로 생각하면 알아서 선물로 주시겠지라고 생각하며 일반교육보다도 신앙교육을 하찮게 여기며 투자하지 않는 것이 더 믿음 없음의 모습이 아닌지 돌아볼 필요가 있다.

우리가 버는 물질의 십일조를 하나님께 드리듯, 적어도 가정형편에 맞춰 교육비의 십일조는 신앙교육을 위해 무조건 투자해야 한다.

부모 미션

1) 복음서 하나를 택하여 '양'이라는 글자 찾기 시합을 해보자. 가족이 네 명이라면 팀을 나눠 진행해도 좋다.

2) '양모 니들 펠트'라고 쇼핑몰에 검색하여 구입하고 양 만들기, 혹은 서로의 모습 만들어 주기 놀이를 진행해보라.

3) 누가복음 15장 1~7절을 자녀와 함께 읽은 후 잃은 양찾기 놀이를 진행해보자. 집이 넓다면 숨바꼭질을, 그렇지 않다면 양 그림이나 물건을 숨겨놓고 찾기 놀이를 진행하자.

4) 자녀에게 일정 금액을 주면서 예수님을 위해, 혹은 예수님을 더 잘 알아가기 위해 돈을 어떻게 써 볼지 함께 고민하고 정해보라.

기도문

우리의 목자 되시는 하나님 아버지,
오늘도 우리 가정과 자녀를 인도해주시니 감사합니다.

때로는 우리의 논리를 넘어서는 은혜로 이끌어주시는데,
그 사실을 잊고 지낼 때가 많음을 고백합니다.
우리의 자녀를 교육함에 있어서 내 지식과 지혜가 아닌
주님의 은혜를 전적으로 구하게 하여 주옵소서.
또한 주님의 인격적인 사랑을 먼저 받은 자로서
우리의 자녀를 주님과 같은 마음으로 늘 대할 수 있도록
도와주시고
자녀가 혹여라도 신앙을 잃어 버릴 때에
전심을 다해 찾기를 힘쓰며
모든 것을 쏟아부을 수 있는 마음을 허락하여 주옵소서.
마지막 날 주님과 함께 온 가족이 빠짐없이 함께 기뻐하는
은혜를 맛보게 하여 주옵소서.
예수님의 이름으로 기도드립니다. 아멘.

8
다양성

하루는 아이들과 성경 수업 시간에 '바디메오'와 관련된 본문을 보게 되었다. 그리고 마무리 활동으로 바디메오로 4행시 짓기를 하자고 했다. 그중에서 아직도 기억에 남는 작품이 두 개 있다.

먼저 첫 번째 작품은 이랬다.
바 : 바디메오는 이름도 없는
디 : 디메오의 아들일 뿐이었다. 그러나..
메 : 메시아를 알고 기다렸던 한 사람이었다.
오 : 오직 믿음으로 고침을 받고 구원을 받은 그 한 사람, 나 또한 닮고 싶다.

4행시가 끝나자마자 나도 아이들도 함께 박수를 쳤다. 당시 수업 때 말한 내용의 핵심이 다 들어가 있었고 아이 스스로의 고백도 담겨있었다. 버릴 단어가 한 단어도 없는 훌륭한 4행시였다. 5학년 수업이었는데 정말 훌륭하다고! 문학적 재능이 뛰어나다고, 덕분에 감동했다고 마음껏 칭찬해주었다.

그 4행시의 감동을 안은 채 다음 친구를 지목했다. 이번에는 얼마나 또 아이를 통해 감동을 얻으려나...!
그리고 그 아이는 천천히 4행시를 진행했다.

바 : 바지에
디 : 디럽게(?)
메 : 매우 많이
오 : 오줌을 쌌다!

4행시가 채 끝나기도 전에 나도 아이들도 한참을 웃었다. 엉터리 4행시였지만 모두가 행복한 작품이었다. 그런데 문득 그런 생각이 들더라. 오늘 수업 내용이랑은 상관없지만 이 친구를 통해 모두에게 큰 행복과 웃음을 주었으니 성공이지 않을까? 예수님도 종류는 좀 다르지만 바디메오에게 큰 기쁨을 주는 삶을 사셨으니 예수님과 닮은 친구구나! 라는 마음이 들었다.

또 한 가지 재미있는 것은 이 양극단으로 다른 작품이 같은 학년, 같은 반에서 나왔다는 사실이다. 신앙의 수준도 다르고 글쓰기의 수

준도 다르고 성향도 다르지만 이 아이들은 한 공간에서, 한 교실에서 살아가고 있었다.

아이들의 교실이 바로 이런 곳이다. 이런 아이도 있고 저런 아이도 있고 다 다르다. 그래서 재밌고 그래서 의미가 있다. 만약 정답만 말하는 아이들로 가득하다면 그처럼 지루하고 답답한 곳이 어디 있을까?

또 반대로 재미만 가득하고 아무런 의미 없는 소리만 떠도는 공간이라면 그곳은 아무 발전도 없고 깨달음도 없는 무의미한 자리가 될 것이다. 아이들은 서로가 서로에게서 배운다. 나와 다른 너를 통해 우리를 배우는 곳이 교실이다.

예수님이 바라셨던 제자들의 공동체, 또 오늘날의 교회공동체도 이러한 모습이 아닐까 싶다. 이런 사람 저런 사람이 모두 뒤섞여있지만 서로 손가락질 하지 않고 서로 의미와 재미를 주는 공동체. 서로 박수를 보내주었다가 함께 웃고 깔깔댈 수 있는 공동체. 서로의 필요를 채워주고 주님의 손을 닮아 돕는 공동체. 다양성이 있지만 한 곳을 바라보며 발전이 있는 공동체. 교실 아이들의 모습을 통해 교회와 제자 공동체가 나아가야 할 방향을 배우게 된다.

가정공동체도 다르지 않을 것이다. 우리는 우리도 모르게 우리의 자녀들을 내 입맛에 맞는 틀에 맞춰 키우려고 할 때가 많다. 옆집 아이를 닮게 하려고 하기도 하고, 교회에서 겉보기에 열심히 하는 아이를 따라 하게 하려고 하기도 한다. 일반교육에서도 그렇지만 신앙교육마저도 일률적으로 아이들을 만들려는 우리의 그릇된 습성이 있다. 하나님이 내 아이에 맞게 하나님이 빚으셔서 우리 아이만의 특성으로 완벽한 완성형 작품을 만들어 내셨는데, 우리는 자꾸 완벽한 작품에 손을 대고 수정하려고 한다. 물론 바른길로 인도하는 사명을 받았지만 바른길로 인도한다는 핑계 아래 내 입맛에 맞게 형태를 바꾸려는 실수를 할 때가 많다. (나도 내 아이에게 몹시 그런 실수를 저지르며 후회하고 회개 기도할 때가 있다)

느린 아이가 있고 빠른 아이가 있다. 재밌는 아이가 있고 진지한 아이가 있다. 조용한 아이가 있고 활달한 아이가 있다. 글을 잘 쓰는 아이가 있고 신체 능력이 뛰어난 아이가 있다. 질문이 많은 아이가 있고 그대로 담아내는 아이가 있다. 정답은 없다. 아니, 모두가 정답이다. 하나님이 만드신 아이이기에 모두가 정답이다.

우리는 이 천하보다 귀한 선물을 받은 부모로서 감사하며, 엇나가지 않도록만 지도하며 아이의 있는 특성을 더욱 빛나도록 돕는 존재로 부르심을 받았다.

일상 속 다양성

요즘 조금 한물이 가고 있는 것 같지만 MBTI(성격유형검사)가 매우 유행했다. 각자 어느 유형인지를 찾아 자신을 파악하고 또 상대방을 파악하는 재미있는(?) 자료로 삼기 시작했다.

몇 년 전만 해도 MBTI가 유행하기 전에는 혈액형으로 성격을 구분하는 것이 대세였다. 별로 동의는 안 하시겠지만 A형은 세심하고 신중한 완벽주의자이면서도 단점은 소심하고 걱정이 많고 스트레스에 취약하다고 여기고는 했었다. B형은 아주 자유로운 성격에 개성파이며, 단점으로는 계획성이 부족하고 지나치게 즉흥적이라는 평가를 내렸었다. O형은 활발한 성격이며 리더 기질이 다분하다고 여겼으며 단점으로는 경쟁심이 강하고 자기중심적일 수 있다고 여겼었다. AB형은 조금 기분 나쁠 수 있는데 예측이 불가능한 특이한 사람(?)이라는 규정을 하고는 했었다. (AB형인 분들 죄송합니다. 저희 어머니도 AB형이니 용서해주세요.)

필자는 어릴 적 혈액형 검사를 했을 때 B형이 나왔었다. 그리고는 스스로 자유로운 영혼이라고 생각하며 개성 넘치는 사람이라고 말하고 그렇게 행동하고는 했었다. 사실 속으로는 엄청 소심하고 눈치를 보았는데 나는 B형이니 다르다! 라고 여기며 B형스러운(?) 삶을 추구하며 살아갔다. 소심해지는 상황에 일부러 더 용기를 내었던 기억도 있다.

그러다가 성인이 되어서 우연한 기회에 건강검진을 하다가 B형이라고 의료정보에 적어놓고 혈액형 검사를 하게 되었는데, 이게 웬말인가! 평생을 B형이라고 알고 살아왔는데 A형이라고 떡하니 적혀 있는 것이었다. 지금껏 살아왔던 내 성격유형이 통째로 부정당하는 것 같았다.

'역시... 나는 소심한 게 맞았어... 자유롭지 않고 눈치보던 내 모습이 원래 내 모습이구나...'

혈액형별 심리유형 나누기가 재미로 하는 것이라는 것을 머리로 알면서도 적지 않은 혼란이 찾아왔다. 그렇게 나는 다시 A형의 인생을 살기 시작했다. '소심해도 괜찮아' '소심이 아니라 세심한 거야'라는 위안을 삼으며 다른 길을 걷기 시작했다.

그리고 몇 년 뒤 다시 건강검진을 했다. 충격이었다. 이번에는 B형이라고 떡하니 기록되어 있는 것이 아니겠는가!? 혈액형이 바뀔 리는 없고 어디서인지, 무슨 일인지 착오로 기재가 되었던 것 아닐까 싶다. (그리고 나는 지금도 내 혈액형이 진짜 무엇인지 아직도 모른다.)

그때야 깨달았다. "부질없다." "나는 그냥 나일 뿐이다."

물론 MBTI는 수많은 연구를 통해 진행된 공신력 있는 심리유형 검사이고 16개의 유형과 정도, 척도를 가지고 있기에 심리를 분석하고 유형을 나누기에 훨씬 좋다.

또 애니어그램(성격심리도구) 같은 경우에는 날개까지 포함하여 27개의 유형까지 구분하여 설명하니 각 개인의 심리를 잘 설명할 수 있을 것이다.

하지만 그 또한 그나마 조금 통계를 나눈 것일 뿐 같은 유형일지라도 사람과 사람은 완전히 별개의 사람일 뿐이다. 자기 자신과 서로를 조금 더 잘 이해할 수 있는 도구이지 각 사람을 대신할 수 있는 도구는 아니다.

하나님은 우리 사람을 만드시며, 내 사랑하는 자녀를 만드시며 어느 유형에 집어넣지 않으셨다. 사람의 수만큼 우주의 수가 있다. 내 아이는 어느 유형에 속하지 않은 유일한 우주같은 존재이다.
"주께서 내 내장을 지으시며 나의 모태에서 나를 만드셨나이다 내가 주께 감사하옴은 나를 지으심이 심히 기묘하심이라. 주께서 하시는 일이 기이함을 내 영혼이 잘 아나이다"(시 139:13-14).

우리의 자녀들은 내가 파악하고 유형을 이해하고 통제할 수 있는 존재가 아니라, "기묘한 존재"다. 그리고 내 아이를 통해 하시는 일은 "기이한 일"이다.

우리가 우리의 자녀들에게, 또 나 자신을 대할 때에 중요한 것은 이해하고 유형에 집어넣고 대처하는 것이 아니라, 기묘함에 감탄하고 기뻐하는 일이다. 그리고 나는 이해할 수 없지만 기이한 일을 행하시도록 맡기는 일이며, 내가 통제하지 않고 주님께 맡기며 나아가는 일이다.

때로는 나의 예상 범위를 벗어나고 나의 경험을 벗어나고 내가 걸어온 길과 다른 길을 걸을 때에도 주님만을 신뢰하고 붙잡으며 기이한 일이 온전하게 이뤄지기를 소망하는 것이 필요할 것이다. 기묘함에 우리가 손을 대고 통제할 때 더 이상 기묘해지지 않고, 기이한 일에 우리가 브레이크를 걸 때에 평범한 일로 변해버림을 명심해야 한다.

우리는 혈액형 유형도, MBTI유형도, 애니어그램 유형도 뛰어넘는 기묘한 유형이다. 하나님이 기르실 유일한 유형이 될 우리의 자녀를 기대하자!

성경 속 다양성

성경에서는 다양성과 관련하여 무어라 말씀하실까? 다양함을 통해 하나가 되라는 조금은 어려운 말씀을 하신다. 창세기를 시작하며 하나님은 세상의 만물을 창조하시며 "각기 종류대로" 창조하신다. 셀 수 없이 많은 종류로 다양하게 각자의 특성대로 만드셨다. 하지만 그 모든 만물이 다양함을 통해 거룩한 하나님의 피조 세계를 드러내며 함께 찬양하며 하나 되기를 바라셨다.

인간을 만드시면서도 남자와 여자로 성을 구분하며 종류대로 창조하셨다. 그러면서도 둘이 연합하여 한 몸을 이루라고 명령하셨다. 다양함을 통해 하나 됨을 바라신다.

신약에 와서도 각 사람에게 맞는 많은 종류의 은사를 다르게 허락하시고 다른 직분을 주시며 그 은사와 직분을 통해 하나의 교회를 이루고 서로 화합하며 그리스도의 몸 된 교회를 이루기를 원하신다.

다양성을 해치며 하나님의 뜻에 반했던 사건이 무엇이 있을까 고민해보았다. 그리고 한 가지 본문이 떠오른다. 우리가 익히 잘 알고 있는 창세기 11장의 바벨탑 사건이다.

우리는 어릴 적부터 학습되어 바벨탑을 지은 사람들이 교만하여 하나님처럼 높아지려 했다는 말씀을 많이 들었다. 물론 맞는 이야기다. 하지만 다른 관점에서 접근하면 재미있다.

바벨탑을 짓고자 모인 사람들은 열심을 가지고 모여들었다. 서로 한 가지 목표를 두고 비슷한 도구를 들고 그 자리에 찾아왔다. 의견도 일치되었고 싸우지도 않았다. 계획도 착착 이루어졌다. 세상의 시각으로 보면 굉장히 일치되었고 훌륭한 집단이라고 할 수 있다.

그런데 그들의 문제점이 있었으니 4절에 등장한다.

"또 말하되 자, 성읍과 탑을 건설하여 그 탑 꼭대기를 하늘에 닿게 하여 우리 이름을 내고 온 지면에 흩어짐을 면하자 하였더니"(창11:4).

우리는 이 본문에서 "하늘에 닿게 하여"와 "이름을 내고"가 그들의 가장 큰 문제라고 바라본다. 물론 하나님처럼 높아지려는 그들의 마음과 하나님의 이름이 아닌 사람의 이름을 내려는 마음이 잘못되기는 했다. 그런데 그들의 잘못은 한 가지 더 있다. "지면에 흩어짐을 면하자"라는 부분은 우리가 놓치고 지나간다.

지면에 흩어짐을 면하자는 말은 다양한 모습으로 하나님의 본래 창조 목적대로 개성을 유지하고 흩어져 다양한 모습을 인정하며 사는 것을 거부하는 것이다. 처음 시작하셨던 다양성에 대한 하나님의 의도를 무시하고 거부한 것 또한 그들의 실수였다.

하나님은 이것을 경계하시며 그들의 언어를 흩으시는 결정을 내리신다. 획일화된 모습으로 모였던 그들을 혼잡하게 하시고 온 지면에 흩으신다.

얼핏 보면 바벨탑이 무너지고 언어가 갈라지고 흩어지게 된 것이 인류에게 내린 벌처럼 느껴지기도 한다. 하지만 이것은 하나님의 창조목적을 다시금 찾게 되는 축복일 수도 있다는 생각이 든다. 생육하여 번성하라! 땅에 충만하라! 라고 하는 하나님의 명령이 다시금 진행된 것이다. 획일화의 바벨탑이 무너졌고 그들은 각기 다른 민족이 되어 다른 말을 하며 새로운 역사를 쓰게 된다. 바벨탑이 무너진 것은 축복이다. 서로 다른 모습이 된 것 또한 축복이다.

오늘 우리의 자녀교육은 어떠한가? 바벨탑 이야기를 빗대어 생각해 볼 필요가 있다. 우리는 우리도 모르게 세상이 아이들을 똑같은 교육으로 똑같은 가치관을 심는 그 교육에 동조하고 있지는 않는가? 세상이 말하는 성공기준을 아이들에게 탑재시키고 그것을 강요하며 달려가고 있지는 않는가?

획일화의 바벨탑을 짓고 있는 세상에 우리도 함께하자며 똑같은 벽돌을 만들고 똑같이 역청을 칠하고 있지는 않는지 돌아볼 필요가 있다.

어떻게 하면 하나님이 원하시는 특별한 아이, 창조목적대로 기묘한 아이로 키울 것인가를 고민하기보다는 흩어짐을 면하게 되는 아이, 이름을 낼 수 있는 아이가 되게 할 것인가를 고민하고 그 내용을 놓고 기도하고 있다.

나 또한 내 자녀를 위하여 기도를 할 때 바벨탑 기도를 많이 드리고 있음에 흠칫 놀랄 때가 있다. 나름 목사이고 교육 분야에서 오래 사역한 사람이면서도 세상 교육을 따라가면 안 된다고 말하면서도 세상적 성공을 구할 때가 많다.

공부를 못하게 해달라고 기도하자는 것이 아니다. 탑을 쌓아가고 흩어짐을 면하게 해달라는 기도보다는 하나님의 이름을 내며, 처음 부어주신 놀라운 특성이 더욱 살아나게 해달라고 기도해야 한다. 흩어짐을 두려워하지 않고 어디에 가든, 무엇을 하든 그곳에서 하나님의 형상에서 변질되지 않고 유지하며 살아가는 한 사람이 되게 해달라고 기도해야 한다.

세상이 주는 교육에도 최선을 다하게 해달라고 기도하지만, 그 가운데에서 하나님의 선하심을 발견하게 해달라고 기도해야 하며, 세상을 획일화된 모습으로 받아들이고 판단하지 아니하며 세상보다 더 높고 폭넓은 시각을 달라고 기도해야 한다.

그리할 때 우리 아이들은 흩어질 것이다. 혼잡한 곳으로 갈 것이다. 그러나 그것은 벌을 받는 것이 아니라, 그곳에서만 할 수 있는 하나님의 사명을 감당하며 있는 자리를 바벨탑이 아닌 주님의 성전 짓는 일을 하게 되는 것이다.

성경을 보면 같은 재료인 역청을 가지고 바벨탑을 만들던 이들은 탑을 만들고 하나님의 뜻과 반하는 일들을 진행했다. 하지만 같은 역청을 가지고 노아는 방주를 만들었고 세상을 구하는 이로 살아간다.

난 내 자녀가, 우리의 다음 세대가 바벨탑을 멋들어지게 건설하는 자녀가 아닌, 조금은 투박하고 오래 걸리고 답답하더라도 온갖 동물을 다 포용하며 다양성을 인정하고 사랑하는 방주 만드는 이가 되기를 소망한다.

그렇게 이 땅에 노아가 많아질 때 세상은 하나님의 나라가 되지 않겠나.

부모 미션

1) 아이와 함께 제일 좋아하는 성경 인물로 N행시를 진행해보라.

2) 인터넷에 간이 MBTI 검사가 있다. 자녀와 함께 테스트 해보고 이야기를 나누어보라.

3) 마태, 마가, 누가, 요한복음의 같은 본문(ex:오병이어)을 살펴보고 무엇이 다른지 이야기해보고, 각 저자의 성격이 어떻게 다른지 토론해 보라.

4) 부모의 친구들 사진을 보여주면서 직업 맞추기를 해보라.

5) 아이에게 주변에서 가장 특이한 친구들이 누구인지 소개시켜 달라고 해 보자.

기도문

모든 만물의 주관자 되시는 하나님 아버지!
우리에게 같은 하나님의 형상임에도
또 다른 기묘한 선물을 주시니 감사합니다.
나의 사랑하는 자녀를 나도 모르게
세상의 틀에 넣으려 할 때가 있음을 고백합니다.
그러한 실수를 멈추게 하시고 하나님이 이끄시는 삶 사는 자녀가
되도록 늘 기도하며 나아가게 도와주시옵소서.
세상은 우리에게 자신들이 정답이라고 말하지만
오직 정답은 여호와의 계획인 것을 신뢰하고 붙잡게
도와주시옵소서.
흩어짐을 두려워하지 않게 하시고
당당히 말씀으로 교육하고자 하는
용기를 허락하여 주옵소서.
예수님의 이름으로 기도드립니다. 아멘.

9
억울함

기독교 학교 교목실은 수업 시간보다 쉬는 시간이 더 바쁘다. 많은 아이들이 찾아와 간식을 받아 가기도 하고 담임선생님께는 말하지 못할 비밀(?)을 누설하기도 하고 비 오는 날 축구를 못해 방황하다가 쉬러 들어오는 공간이기도 하다.

하루는 어떤 아이가 교목실에 찾아왔다. 전교에서 둘째가라면 서러울 장난꾸러기 아이였다. 찾아와서 내 개인 책상에 있는 물건을 이리저리 뒤적거리며 살펴보기 시작했다. 그리고 어느 물건을 하나 집어 들더니 물었다.

"목사님, 이거 뭐예요?"

아이가 든 물건은 까만색 보조배터리였는데, 어디선가 선물을 받고 한번 쓰고 넣어두어서 내게는 잊혀진 물건이었다. 순간 무엇인지 몰라서 얼버무렸다.

"잘 모르겠는데…?"

진짜 몰라서 모르겠다고 한 것인데 아이는 의심의 눈초리로 나를 바라보기 시작했다. 그리고는 '씨익' 웃으며 외쳤다.
"이거! 전자담배죠!!?"

아니, 이게 무슨 말인가? 실은 전자담배가 어떻게 생겼는지, 크기가 얼만한지도 모른다. 내 귀에 들릴 일도 거의 없는 단어다. 그런데 신성한(?) 교목실에서 전자담배냐고 물으니 황당하고 당황스러웠다. 어이가 없어서 얼버무리며 아니라고 말하니 아이는 오히려 확신에 찬 듯한 표정을 지으며 큰 소리로 외쳤다.

"얘들아!! 목사님 교목실에서 담배 피신다!!"
교목실 한 켠에서 책을 보던 아이들도 전후 사정은 확인하지도 않고 말한다.
"목사님 담배 펴?"
그리고 그 장난꾸러기 아이는 교목실 밖으로 달려 나가며 온 운동장과 학교 복도에서 외치기 시작했다.
"목사님 담배 피신다!!"
그리고 그 소리를 들은 다른 아이들은 열심히 최선을 다해 복음(?)도 아닌데 전하기 시작한다.

"목사님 교목실에서 담배 피우신대!"

그렇게 나는 그날 교내에서 담배 피우는 목사가 되어 있었다. 아이들은 순수하다. 순수하게 집에 가서 부모에게 말했을지도 모르겠고 그 외침을 들은 선생님들은 당황하셨을 수도 있다. 감히 아주 조금이나마 예수님의 억울함을 느낄 수 있는 날이었다.

난 그렇게 복수의 칼날을 갈았다. 그리고 아이들에게 첫 소문을 퍼뜨린 그 장난꾸러기 녀석이 학교에서 바지에서 쉬했다고 조용히 헛소문을 퍼뜨렸다(?).

이 이야기를 같이 일하는 동료 선생님께 억울하다고, 혹여라도 사람들이 진짜로 오해하면 어쩌냐고 토로했더니 한참을 웃으셨다. 그리고는 말씀하셨다.

여자 선생님이셨는데, 주변에 같이 일하는 동 학년 남교사에게 친절히 대했더니 둘이 사귄다고 소문이 났더라고. 혹은 둘이 부부라고 소문이 났단다. 그 학교에 자기 자녀들도 다 다니는데 참 흉흉하다(?)라고 웃으며 이야기하셨다. 학교에 있다 보면 억울한 일이 비일비재하다고 이야기하셨던 기억이 있다.

학교뿐이겠나. 우리 모두는 삶을 살아가면서 때로는 원치 않는 일에 휩쓸리기도 하고 억울한 일을 당하기도 한다. 때로 내가 억울한 것은 어찌어찌 참겠는데 내 자녀가 억울한 일을 당하고 오면 그렇게 분할 수가 없다. 이성적으로 판단하기 어려워지고 신앙적으로 분간하지 못하게 되는 때도 있다.

우리는 '신앙교육'이라는 타이틀을 떠올리면 '경건 생활'을 먼저 떠올리게 된다. 삶의 습관을 경건하게 바꾸고, 얼마나 더 많은 성경을 읽고, 얼마나 입에 찬양을 달고 살며, 많은 말씀을 외우게 하고, 가정예배를 드리고 기도를 술술 잘하게 만드는 것이 신앙교육의 목표라고 생각하기가 쉽다. (물론 기본이 제일 중요하다. 그것은 기본이다.)

하지만 그것은 신앙교육의 굉장히 단편적인 부분이다. 겉으로 드러나는 습관을 만드는 것이지 그것이 신앙교육의 전체가 되어서는 안 된다.

우리는 우리 자녀들의 인생의 실제적인 상황들을 어떻게 대처해야 하는지, 억울한 일을 당했을 때 무엇을 최고의 가치관으로 두고 나아가야 하는지를 가르쳐야 한다. 신앙교육은 교회에서 '보여주는' 기술이 아니라, 우리의 인생 실전에서 '써먹는' 기술이 되어야 한다.

인터넷에서 많이들 쓰는 용어로 "인생 실전이다."라는 말이 있다.

신앙교육은 실전에서 힘을 발휘하도록 해야 한다. 아무리 오래 신앙생활을 했다고 하더라도, 성경 구절을 잔뜩 알고 있더라도, 기도를 빼먹지 않더라도 실전에서 휘둘리고 흔들리고 패배하면 무슨 의미가 있을까? 우리 주님도 그것을 원하시지는 않을 것이다.

가끔 스포츠나 격투기를 글로 배우고 유튜브로 배워서 혼자서는 잘하는 줄 알다가 상대와 시합하면 상대도 되지 않는 모습을 종종 볼 수 있다. 기독교는, 그리고 신앙교육은 태권도로 치면 예쁜 품새를 가르치는 것이 아니라, 실전 무술에 가까워야 한다.

바울도 성경 곳곳에서 초대교회 성도들에게 신앙교육을 위해 편지하며 기본 경건에 대해서도 가르쳤지만 꼭 실전에 대해서도 가르쳤다. 예를 들어 로마서에서도 전반부는 교리였고 그 뒤에 12장부터 실전편을 첨부하지 않는가.

억울함에 대해서도 그는 친절히 실전을 가르쳤다.

"아무에게도 악을 악으로 갚지 말고 모든 사람 앞에서 선한 일을 도모하라... 내 사랑하는 자들아 너희가 친히 원수를 갚지 말고 하나님의 진노하심에 맡기라 기록되었으되 원수 갚는 것이 내게 있으니 내가 갚으리라고 주께서 말씀하시니라"(롬12:17-19).

오늘을 사는 우리도 사랑하는 자녀들에게 실전을 가르쳐야 한다. 물론 나조차도 실전에서 매일 실패하고 실수하고 넘어지지만 그럼에도 불구하고 완벽하지는 않아도 신앙의 선배로서 아이들에게 어찌 살아야 하는지 더 많이 대화하고 선으로 악을 이기는 방법들을 전수해야 한다.

아이들에게 살아가면서 억울했던 일들에 대해 이야기해주어야 한다. 그리고 하나님이 갚아주셨던 이야기를 더 많이 해주어야 한다. 신앙의 힘이 뜬구름 잡는 이야기가 아니라 실전에서 얼마나 유용한지, 함께 살아가는 우리 가정에게 얼마나 영향력이 있는지를 알려주어야 한다. 눈에 보이는 뉴스에 보일 만한 대단한 기적과 간증일 필요가 없다.

작지만 기도하며 용기 내어 불의에 맞섰던 경험, 억울하지만 기도하며 참았더니 알아서 하나님이 갚아주셨던 경험, 세상과 다른 신앙을 선택했으나 더 큰 복을 받았던 경험, 어려움 속에서도 끈기로 버틸 수 있게 해주셨던 은혜의 경험이 아이들에게 들려지고 전수될 때에 아이들에게 이미 심어졌던 말씀이 살아나며 실전 무술(?)로 변하게 될 수 있다.

물론 이 글을 쓰는 나도 매일 패배하고 악에게 지기도 한다. 100번을 싸우면 10번 이기기가 어렵다. 그러나 신앙으로 이겼던 10번의 경험은 기억하여 다음에 11번이 되도록 만들고, 그 경험이 내 자녀에게 전수될 때에 내 자녀는 12번을 이기는 아이가 될 것이다.

일상 속 억울함

여러분은 살면서 언제 가장 억울했는가? 돈을 투자했는데 종이가 되어버린 경험도 있을 것이고, 내가 하지도 않은 일에 의심을 받아 속상한 경험도 있을 것이다.

개인적으로는 언제가 가장 억울했나 돌아보니 학창 시절이 떠오른다. 어른이 되어서도 억울한 일이 여럿 있었겠지만 그러려니 했고 잘 생각도 안 나고 잊혀진 것을 보니 그럭저럭 괜찮았나보다. 하지만 어린 시절 그 억울함의 기억은 어찌보면 꽤 강렬했나보다.

사건은 그랬다. 고등학교 때 쉬는 시간이 되고 화장실에 가기 위해 복도로 나갔다. 그런데 저 뒤에서부터 매점을 가려는지 미친 듯이 뛰어오는 모르는 다른 학년 학우들이 다가왔다. 그렇게 나도 그들도 코너 앞에 우연히 같은 타이밍에 다다랐을 때 학생주임 선생님을 마주치게 되었다.

그리고는 전후 사정도 묻지 않고 그 자리에서 번개가 번쩍! 났다.

보자마자 따귀를 날린 것이다. 나를 포함하여 옆에 뛰어오던 두 명의 범인(?)까지. 이유도 모르고 따귀를 맞고 왜 때리시냐고, 나는 아니라고 말하는 순간 한 번의 따귀가 더 날아왔다. 변명하지 말라며. 혼자만 아닌 척하는 놈이 더 나쁜 놈이라며.

옆에 있던 두 녀석, "얘는 진짜 아닌데요." 한마디만 해주면 좋으련만 그들은 침묵으로 그 자리에 서 있을 뿐이었다. 그리고 나는 화장실도 못 간 채 그 자리에서 한 시간 동안 엎드려뻗쳐를 하고 있어야 했다. 그날 어찌나 억울하던지 20년이 훨씬 지난 지금도 그날의 기억이 생생하다.

요즘 같은 시대에 그렇게 따귀를 때리고 학생에게 함부로 했다가는 큰일 났을 텐데 그 선생님은 시대를 잘 타고 나셨다(?).

그날 따귀를 맞은 것이 속상한 것이 아니었다. 엎드려뻗쳐를 한 것이 속상한 것이 아니었다. 화장실을 참아야 했던 것이 속상한 것이 아니다. 이야기할 기회를 주지 않은 것이 속상하고 들어주지 않은 것이 가장 속상했다.

세상 법정에서도 극악무도한 범죄자들조차도 소명할 기회를 준다. 누가 봐도 뻔한 죄인이어도 한마디는 들어 주고 벌을 준다. 말을 잘 못하는 사람이 있을까 하여 변호사를 선임할 수 있고, 돈이 없으면 나라에서 대신하여 서주기도 한다. 저런 녀석 말을 들어 뭐해! 라는 생각이 들지라도 적어도 '말'은 들어준다.

그런데 말을 하지 못하게 하고 듣지 않고 상대방을 대하는 것은 상대의 마음을 비참하게 만들고 완전히 문이 닫히도록 만든다.

이 부분을 자녀 신앙교육에 빗대어 생각해보자. 우리는 자녀들의 말을 얼마나 듣고 있나. 기독교와 성경, 하나님과 예수님, 여러 기적과 성령님에 대해서 아이들이 말하는 것을 들은 적은 있는가? 교회학교에서 있었던 속상한 사건이나 바람직하지 못한 교회의 여러 모습이 아이들에게 노출되어 아이들이 혼란을 겪은 적은 없었는가? 그 이야기를 허심탄회하게 나눈 적이 있는지 돌아보아야 한다. 혹여나 너무나 열심히 교회학교를 다니던 아이인데 어느 날 갑자기 신앙에서 멀어진 자녀들이 있다면 그들의 말을 얼마나 듣기 위해 힘쓰고 있었나.

"말하라고 해도 말 안 하던데요." "그냥 이유가 없다던데요."라고 대답하는 부모들을 많이 만났다. 아이들은 당연히 처음에 그렇게 말한다. 그런데 묵묵부답도 자녀들의 소리 없는 외침의 대답이다. 아이들이 대답하는 '그냥'이라는 말 안에는 말 못 할 어마어마하게 할 말이 많이 담겨있다고 해석해야 한다.

혹시나 말하려고 했는데, 혹은 말 해왔는데 말하지 못하게 하고 입을 막고 신앙을 강요하지 않았는지 돌아볼 필요가 있다. 아이의 신앙은 전혀 다른 성향인데 내 신앙 방식을 강요하지는 않았는지 처음부터 되짚어야 한다. 나도 모르는 신앙에 대한 상처가 없는지 살펴야 한다. 어느 날 갑자기 말하라고 하면 그 누구라도 말하지 않는다. 아이가 말을 잘할 때, 마음이 닫히기 전부터 우리는 늘 들어주는 연습을 해야 한다.

이미 말을 안 하고 닫히면 끝난 것일까? 그렇지는 않을 것이다. 더 오래 걸리고 더 힘들기는 하겠지만 끊임없이 대화를 이어 나가며, 일상의 사랑을 공급하며 무엇이든 편하게 이야기해도 되는 패턴이 반복될 때에 아이들은 그제서야 입을 열 것이다. 그리고 그때 정답을 강요하지 않는 주의를 기울여야 한다. "아... 그랬구나... 힘들었구나."가 먼저 나와야 아이들은 진짜를 말할 것이다.

어른들도 사역하고 봉사하며 수많은 억울한 일들을 겪는다. 아이들도 그냥 교회 다녀오는 건데 무슨 일이 있겠어? 라고 생각하지만 교회에서도, 또 학교 친구들 사이에서도, 내면 속에서도 수많은 일들을 겪으며 지낸다. 그것을 살피고 꺼내어 나누도록 하는 것이 기독 부모의 사명이라는 것을 명심해야 한다.

교회 어린이 부서, 중고등부 부서에서도 이를 신경 써야 한다고 생각한다. 나 또한, 사역하면 부서 내에서 늘 내가 제일 많이 이야기하는 사람이었다. 무언가를 주입시키고 말하는 것이 교육이라고 착각하고 아이들에게 하나라도 더 들려주는 것이 바른 교육이라고 생각하기도 했다. (기독교 교육을 전공하며 그렇게 배우지 않았는데도 그러고 있었다. 그게 사실 제일 편하다.)

그런데 이제 겨우 조금…20년의 교육부 사역을 하며 돌아보니 내가 많이 떠드는 것이 교육이 아니라, 아이들이 많이 말하게 하고 아이들이 질문하게 하고 아이들이 떠들게 하는 것이 바람직한 교육이었구나! 하고 반성하게 된다. 내가 말을 줄이고 더 많은 시간을 할애하여 아이들이 말하게 해주어야 건강한 교회학교가 될 수 있다.

때로는 아이들이 영양가 없는 이야기를 하는 것 같아도 영양가가 없지 않다. 아이들의 목소리가 자연스레 흘러나올 수 있는 분위기가 만들어질 때에 값어치 있는 고백이 흘러나올 수 있다.

"너희는 나를 누구라 하느냐?" 예수님도 물으셨다. 제자들이 말할 기회를 주셨다. 들으려고 물으셨다. 그리고 예수님의 말씀도 아닌데 우리마저도 감동받는 고백이 등장했다.

"주는 그리스도시요 살아계신 하나님의 아들이십니다!"

예수님이 묻지 않고 듣지 않으셨다면 그 고백을 할 기회는 없었을 것이다. 그리고 그 고백은 예수님만 듣지 않으시고 그 자리에 함께 했던 동료 제자들도 함께 들을 수 있었다. 그들 한 명 한 명이 다 고백을 하지는 않았지만 그들도 그 고백을 들으며 생각했을 것이다. '나는 예수님을 누구라고 생각하지?' 그리고 자신의 언어로 정리했을 것이다.

어떤 이야기라도 좋다. 오늘 당장 아이들과 영양가 없는 이야기부터 시작하라. 아이들의 목소리가 더 많이 나올 때, 억울한 이야기든, 속상한 이야기든 그것이 시작이다. 그러다 보면 그 안에서 어느 날 갑자기 베드로의 고백이 울려 퍼지게 될 것이라 믿는다.

성경 속 억울함

성경 속에도 억울한 이야기들이 있다. 아니, 억울한 사람들의 이야기 모음집이라고 표현해도 좋을 정도이다. 히브리서 11장에는 '믿음 장'이라 하여 믿음의 훌륭한 선조들의 이름이 열거되어 있다. 그런데 '믿음'이라고 표현되어 있지만 세상적으로 보면 억울한 사람들의 명단이라고 말할 수도 있다.

아벨은 아무 잘못 없이 그저 제사를 열심히 최선을 다해 드렸을 뿐인데 형에게 맞아 죽는 제1대 억울함의 인물로 선정된다.

에녹은 성경에 내러티브(narrative) 정보가 부족하여 잘 알 수 없지만 하나님과 동행했고 하나님을 기쁘시게 하는 사람이라는 기록을 보면 마냥 평탄한 인생을 살지는 않았을 것이라 추측해본다.

다음 등장인물은 노아다. 억울함으로 따지면 탑5에 들어가지 않을까 싶은 서러운 인생이다. 자신의 모든 인생을 바치고 오직 방주를 만드는데 긴 시간을 사용하게 된다. 이렇게 벌써 억울한데 주변인들의 조롱과 손가락질을 받으며 살아간다. 그 억울함을 견디며 주님이 맡기신 사명을 감당하는 한 인물이었다.

아브라함은 또 어떠한가? 아들을 주신다더니 이렇게 노년에 주실 줄이야... 게다가 어떻게 얻은 아들인데 도로 바치라 하시니 그의 억울함을 우리가 가늠을 할 수 있겠나 싶다. 그러나 그 모든 억울함을 내려놓고 순종으로 나아가는 삶을 살아간다.

여인인데도 함께 기록된 사라도 같은 삶을 살아갔다. 말도 안 되는 노년에 주시겠다는 자녀의 약속을 듣고 자기도 모르게 웃게 된다. 사실 생각해보면 우리 누구라도 다 그 상황에 헛웃음이 나지 않겠나? 사라가 억울한 것이 맞다. 그러나 그것을 다 견디고 결국에는 열국의 어미가 된다.

억울함은 또 대물림된다. 이삭은 우물을 파는 족족 빼앗긴다. 수고는 자기가 하고 이득은 남들이 보게 된다. 그런데도 그 억울함이 분노하고 전쟁을 일으키지 않고 우물을 말없이 내어준다. 그는 그 억울함을 은혜의 자리로 뒤바꾸는 모습을 보인다.

개인적으로는 구약에서 억울함 1위는 요셉이지 않을까 싶다. 모두가 동의할만하다. 세상 이렇게 바른 친구가 없는데, 일이 벌어질 때마다 억울하다. 꿈 얘기 한 번 했다고 팔려 간다. 혹자는 형들 앞에서 예의가 없으니 합당한 결과라고 하지만.. 고작 청소년인데 그 정도는 실수할 수 있지 않은가? 요즘 청소년에게 그 예의의 잣대를 가져다 대면 대한민국에 안 팔려 갈 학생은 없다.

팔려 가서도 최선을 다해 일을 했는데 더 깊은 나락으로 떨어지고 만다. 마지막에야 해피엔딩으로 끝났으니 된 것 아닌가 싶지만 그의 인생은 늘 억울함의 연속이었다. 그리고 그 가운데에서도 하나님을 찾는 반복이었다.

모세는 어떠한가! 80이 넘어서 하나님이 시키셔서 민족을 구출하는 힘든 일을 감당하는데 뻑하면 사람들이 찾아와 불만을 터뜨리고 말을 듣지 않고 힘겨움을 안겨준다. 기껏 구출해줬더니 다시 돌아가겠다고 떼를 쓴다. 그러나 그는 억울해하는 것이 아니라, 자신의 백성들을 위한 중보자의 기도를 하는 모습을 보인다.

라합은 가만히 있다가 자신의 집에 정탐꾼이 찾아오게 된다. 왜 하필 우리 집에! 라고 생각하며 억울하게 생각할 수도 있다. 그러나 그녀는 용기를 내어 그것을 기회로 바꾸는 삶을 살아낸다. 그리고 다윗의 조상이 되는 큰 영예까지 얻게 된다.

히브리서 11장 32절에 기드온, 바락, 삼손, 입다 다윗, 사무엘의 이름까지 등장한다. 해당 본문을 보며 각자가 억울함을 찾아보아도 좋다. 하나같이 다 억울함을 겪은 자들이다.

그리고 신약에 와서 대망의 억울함 1위가 등장한다. 아무 죄없이 세상을 구하기 위해 찾아오신 전능하신 신께서 피조물에게 죽임을 당한다.

우리야 예수님을 믿고 알고 배웠기에, 부활까지도 경험했기에 고개를 끄덕이게 되지만 세상 어느 종교가 이렇게 억울하고 무능한가 싶다. 그런데 기독교는 원래 억울한 종교이다. 억울함을 자처하는 종교여야 한다.

우리 주님은 왼뺨을 맞으면 오른뺨을 대주라고 하는 비상식적인 교육을 하신다. 어느 인터넷 글에 예수님의 이 이야기를 재미있게 해석한 것을 본 적이 있다. 예수님의 담대함과 용기와 기세가 너무나 대단하여(세상 말로 깡) "어라? 너 나 쳤냐? 칠 수 있으면 어디 반대쪽도 쳐보시지! 로마고 뭐고 가만 안 둬!"라고 해석한 재미있는 글을 본 적이 있다. 하지만 개그일 뿐이고 예수님은 분명 억울함을 자처하라고 우리에게 교육하신다.

우리는 자녀들에게, 다음 세대에게 억울한 상황을 만나면 '기회'가 왔다고 가르쳐야 한다. 하나님을 마주하며 믿음이 성장할 기회가 온 것이다. 하나님이 맡기실 사명이 가까이 왔다는 뜻이다. 말씀을 온전히 이해할 수 있는 은혜가 찾아온 것이다.

아이들은 처음에 갸우뚱할 것이다. 하지만 그 억울함을 극복해 나가며 아이들은 믿음을 맛볼 수 있게 된다. 그 어떤 억울함을 당할지라도 휘둘리지 않게 된다.

아까 농담처럼 "어디 한 번 반대쪽도 쳐보시지!?"의 마음이 생겨 세상을 두려워하지 않고 믿음으로 세상을 살아갈 수 있게 될 것이다.

어쩌면 이렇게 매번 양보하고 공의를 생각하고 억울함을 당하는 그리스도인을 보며 세상은 '호구'라고 부를지도 모른다. 그러나 우리와 우리 자녀가 '호구'가 될 때 주님의 '보호구'가 우리에게 덧입혀질 것이다.

부모 미션

1) 자녀에게 살면서 가장 억울했던 경험을 나누어주라. 그리고 자녀도 억울했던 적이 있는지 이야기를 들어주라.

2) 자녀와 함께 일상 Vlog(브이로그)를 만들어보자. 서로의 삶이 어떠한지 살펴보는 시간이다. 당연히 귀찮아할 테니 큰 상품을 걸어야 할 것이다.

3) 성경 속 궁금증, 신앙적 의심들을 자녀와 함께 토론해보자. 질문을 모아 담당 교역자에게 물어도 좋다.

4) 억울할 때 어떻게 하면 억울함이 풀리고 기분이 좋을지 나눠보라.

기도문

사랑의 하나님,

억울함에도 불구하고 우리를 위해 죽기까지

생명을 내어주신 주님을 찬양하며 나아갑니다.

말할 수 없는 고통을 당하셨음에도

우리의 작은 신음에도 반응하시는

주님을 늘 기억하며 나아가기를 소망합니다.

때로는 부모의 욕심으로 자녀의 신음을 듣지 못할 때가 있습니다.

귀 기울일 수 있는 마음을 허락하시고

지혜롭게 자녀를 사랑하며 품을 수 있도록 도와주옵소서.

사람의 욕심으로 늘 보상받고 억울하지 않기를 바라지만,

주님이 걸어가셨던 그 손해 보는 길을 기꺼이 걸어가는

우리와 자녀가 되기를 원합니다.

빛나는 길보다 옳은 길, 사랑의 길, 섬김의 길을

걸어가도록 인도하여 주옵소서.

예수님의 이름으로 기도드립니다. 아멘.

10
자연

 인성초등학교에서 학교 사역을 하면서 여러 좋은 선생님들을 만났다. 여러 면으로 각자의 자리에서 특화되어 어우러져 귀한 교육 사역을 잘 감당하시는 분들이다.

 그중에 유독 지금까지도 추억하고 기억하는 한 분이 있다. 안타깝게도 젊은 나이에 천국으로 떠나셔서 더 아쉽고 기억이 진하게 남아 있는 것 같다.

 이분의 특화된 부분은 '자연 친화'였다. 언제나 늘 무언가를 심으시고 자연을 관찰하시고 사랑하는 분이었다. 그러다가 갑자기 찾아온 코로나19 팬데믹으로 학교도 모이지 못하고 갈팡질팡했던 순간이 있었다. (물론 너무 멋지게도 발 빠르게 대처하여 공교육기관보다 훨씬 먼저 비대면 교육으로 전환하였다.)

 그 기간에 선생님께서는 자신의 특화된 부분을 멋지게 사용하셨다. 동료 교사들에 비하면 나이가 적지 않으셨음에도 불구하고 열심히 영상을 촬영하셨다. 직접 만날 수 없는 아이들을 위하여 여러 들풀과 꽃에 대한 영상을 남기기 시작하신 것이다. 사람과 사람은 서로 만날 수 없었지만 실은 밖에 나가서 들풀과 꽃은 오히려 마음대로 만나러 나갈 수 있었기 때문에 개인적으로 평가하기에는 최고의 시기에 최고의 교육이었다고 생각한다. 유명 유튜버들처럼 몇천, 몇만의 조회 수는 나오지 않았다. 영상미로 보면 서투른 영상이었다. 하지만 아이들이 많이 보든 말든 선생님께서는 매번 영상을 남기며 아이들이 도리어 그 시간에 하나님이 만드신 피조물들을 알아가고 관심을 갖고 사랑하도록 만드셨다. 그 영상은 아이들만 보지 않았다. 어느샌가 나도 그 채널의 팬이 되어 있었다. 그리고 나도 도전받아 내가 할 수 있는 신앙교육 영상을 최선을 다해 제작하기 시작했다.

코로나가 끝나고 그분께서는 현장에서 아이들을 만나 변함없이 하나님이 지으신 아름다운 피조 세계에 대해 가르치셨다. 그러다가 어느 날 암으로 인해 너무나 갑자기 하나님 곁으로 가셨다. 선생님들도 아이들도 모두가 눈물바다였고 많이 아쉬워했다.

그로부터 시간이 한참 지난 어느 날 교문을 올라가는데 문득 눈에 보이는 것이 있었다. 그 선생님은 떠난 지 한참 되셨는데, 그분이 아이들 보라고 심어두셨던 이름 모를 작은 꽃 한 송이가 교문 옆에서 여전히 아름다움을 뽐내고 있었다. 나 여전히 살아있노라고 외치는 것 같았다.

슬프지 않았다. 눈물이 나는 것이 아니라, 입가에 웃음이 찾아왔다. '선생님, 아직도 교육을 이어가고 계시는군요.'

우리는 '신앙교육'이라고 하면 '영혼 구원'에만 지나친 초점을 맞추는 실수를 범한다. 물론 구원받고 살아야 다른 무언가도 할 수 있는 것은 맞지만 신앙에는 그것만 있지 않다.

집이 있어야 살 수 있지만 '집만' 있으면 살 수 없다. 함께 있어야 하는 것들이 반드시 있다. 이웃이 있어야 하고, 물건이 있어야 하고, 그리고 무엇보다도 함께할 피조 세계가 필요하다. 신앙교육에 있어서 피조 세계는 부록이나 번들이 아니다. 하나님께서는 때로는 이름 모를 꽃 한 송이를 통해 영원한 세계를 느끼게도 하시고 대자연을 통해 하나님의 음성을 듣게도 하신다. 어쩔 때는 사람도 치유할 수 없는 아픔을 치유해주고 동행해주는 하나님이 허락하신 귀한 반려동물이 있기도 하다. 이처럼 신앙과 자연은 서로 뗄 라야 뗄 수 없는 존재이다.

요새 들어서야 생태교육이 조금은 활발해졌고 교회에서도 환경을 생각하는 메시지들이 들려오기 시작한다. 많이 늦었지만 그래도 더 늦지 않아 다행이다.

오늘을 사는 기독 부모들은 우리 자녀들의 신앙교육에 '자연에 대한 교육'을 반드시 포함시켜야 한다. 나 홀로 구원받는 문제가 아닌, 하나님이 만드신 모든 세상을 사랑하며 함께 가고 같이 구원받는 길로 안내해야 할 사명이 있다.

오늘 아이와 함께 산으로 들로 나가보라. 그곳에 하나님이 계신다.

일상 속 자연

이 글을 쓰면서도 부끄럽다. 과연 내가 자연에 대해, 환경에 대해 글을 쓸 자격이나 있는가 싶다. 어제도 우리 집에서 나온 쓰레기가 한 박스다. '이런 과대포장은 원치 않는데…'라고 혼잣말을 내뱉지만 편하다는 이유로 생각만 반복할 뿐이다. 현재는 밖에 나들이를 나갈 때 텀블러를 들고 다니는 정도로 '그래도 이만하면…' 이라고 위안 삼고 죄책감을 더는 정도의 삶을 살아가고 있다. 열심히 플라스틱 용기에 붙은 스티커를 떼는 정도로 최악만 면하고 있는 실정이다.

이 마지막 챕터는 자신만만하여 쓰는 글이 아니라, 나 스스로에게 반성하자고 쓰는 글이다. 환경에 대하여 전문적인 지식도 없고 실천도 잘하지 못하고 있다. 다만 집필을 마치고 책이 나오게 되거든 볼 때마다 정신을 차리고 마음이 해이해지지 않기 위하여 쓴다.

하루는 아이가 학교를 마쳤는데 집에 들어오지 않는 것이었다. 무슨 일일까 걱정을 하는데 마침 아이가 들어왔다. 그런데 아이의 손과 가방에는 무언가가 가득 들려 있었다. 그것은 바로 빈 페트병이었다. "이게 다 뭐니?"

"시합을 하기로 했어요! 반별로 어느 반이 더 많이 페트병을 많이 모아서 분리수거를 하는지 대결하는 거예요!"

웃음이 났다. 보통은 집에서 먹고 남은 병을 모아서 가져가는 것인데, 시합에서 이겨보겠다고 혼자서 근처 분리수거함을 뒤져서 가져온 것이다. 본래 자연을 보호하자는 취지와는 좀 멀어진 것 같았지만 아이의 열심을 꺾고 싶지는 않았다.

그런데 역시 아내는 나보다 더 훌륭했다. 아이가 가져온 페트병을 아이는 내팽개쳐두고 방으로 들어가고 아내는 그것을 열심히 닦고 스티커를 제거하고 가져갈 수 있도록 가방에 보관까지 하는 것이었다. (나는 늘 말로 떠들고 삶은 아내에게 배운다.)

'이 정도로 열심히 했으면 이겼겠네...'라고 생각했다. 그런데 다음에 아이에게 물어보니 다른 반이 1등을 했단다. 도대체 그 반은 어떻게 한 건가? 물어보니 어떤 한 아이가 정말 온 사방 동네를 다 돌며 거의 리어카에 실어 올 정도로 많은 페트병을 모아왔다는 것이었다. 그 집도 참 대단한 집이었다. 사실 개인적으로 아는 집이어서 평소에도 얼마나 열심히 환경을 생각하고 보호하는 분인지 알고 있었다. 1등이 될만했다. 어쩌다 페트병만 모으는 우리 아이가 1등이 아니어서 다행이었다.

문득 그런 생각이 들었다. 책의 앞쪽에서도 언급했던 내가 좋아하는 성경 구절이 떠올랐다.

"그러면 무엇이냐 겉치레로 하나 참으로 하나 무슨 방도로 하든지 전파되는 것은 그리스도니"(빌 1:18).

물론 복음 전파에 대한 구절이기는 하지만 자연을 사랑하는 일에도 동일하게 적용되겠구나 하는 생각이었다. 아이들의 경쟁심을 일으켜서 시합을 한 것이지만, 의미를 100퍼센트 이해하고 한 것은 아니겠지만 이렇게라도 한 사람 한 사람이 자연에 대한 열심을 내면 어떤 일이 벌어질까! 하는 기대였다.

경쟁심이라는 겉치레로 할지라도 무슨 방도로라도 우리는 하나님이 만드신 피조 세계를 회복시켜야 한다. 회복된 피조 세계는 우리에게 하나님의 음성을 전해주는 통로가 될 것이며, 그 모습을 통해서도 세상이 보고 감동하여 그리스도가 전파될 수 있을 것이다.

구절의 후반부는 "나는 기뻐하고 또한 기뻐하리라"고 되어 있다. 우리가 겉치레라도 자연을 사랑하고 피조 세계를 회복시키기 위해 부족하나마 애를 쓴다면 우리 주님은 기뻐하신다. 피조 세계가 회복되면 우리 또한 하나님의 형상을 회복하게 된다. 우리는 연결된 존재이기 때문이다.

오늘은 아이랑 나가서 플로깅(쓰레기줍기 산책)을 해야겠다. 여러분도 함께 나갑시다. 주님도 함께 가십니다.

성경 속 자연

예전에 어느 책인지 도저히 기억은 나지 않는데, 아이들 성경 그림 동화책을 본 적이 있다. 그런데 어느 한 장면에서 책을 넘기지 못하고 그림을 계속 보게 되었다.

노아의 홍수 이야기였는데, 사람도 물에 빠졌지만 수많은 동물들이 물에서 허우적대며 눈물을 흘리고 있는 그림이었다. 그리고 자신들만 구원을 받아 미안해하며 방주에 타고 있는 동물들도 다 눈물을 흘리고 있는 그림이었다. 너무 익숙한 본문이었는데 그 날 이후로 그 본문이 조금은 색다르게 보였던 기억이 난다.

그리고 우연일까? 그 책을 보고 아이는 이야기했다.
"동물들이 불쌍해요. 사람들이 잘못했는데 왜 동물들까지 죽어야 해요?"
목사인 나는 그 본문을 수없이 많이 읽고 설교를 했었지만 아이에게 시원하게 설명할 수 없었다. "그러게..."

아이는 또 출애굽기를 읽다가 또 물어왔다. "사람들이 잘못했는데 왜 홍해에 말들까지 다 잠겨야 해요? 불쌍해요."

그 상황에 대한 설명은 잘 해낼 수 없었지만 한 가지 확실한 것은 있었다. 지금도 똑같다는 것. 여전히 동물들과 다른 피조물들은 잘못이 없는데, 사람의 잘못으로 인하여 죽어가고 사라지고 신음하고 있다는 것은 예나 지금이나 똑같구나.. 라는 생각이 들었다. 그 본문을 보면서도 죽어가는 '사람'에만 신경을 쓰지, 죄 없는 동물들은 별로 신경조차 쓰지 않는 우리의 모습이 비춰졌다.
오늘도 우리 신앙인들은 나의 삶이 얼마나 힘든지, 나의 경제적인 문제, 나의 관계적인 문제에 온 힘을 쏟으며 부르짖으면서도 죄없이 고통받는 다른 피조물들에게는 모습이 너무나 많다.

노아 이야기 본문을 보면 방주를 만들게 명령하시면서 하나님은 너의 가족 8명만 잘 타거라! 하지 않으셨다. 아주 번거롭게도 지면에 있는 모든 생물을 빠뜨리지 않고 방주에 태우라는 명령을 내리신다. 그리고 그들을 건강하게 목적지까지 살려야 하는 명령, 먹이고 보호해야 하는 명령, 안전하게 내려서 후손을 이어가도록 하는 명령까지 내리신다. 보전의 사명을 받는다.

오늘 우리의 신앙교육에는 이 피조 세계 보전의 사명이 포함되어 있다. 오늘날 방주는 교회라고 우리는 수없이 많이 설교를 들어왔다. 그런데 왜 오늘날 교회에는 사람만 있는가? 보전 사명에 따른 다른 피조물들은 왜 교회 밖에 여전히 물에 허우적거리고 있는지 돌아보아야 한다.

신약에서도 구원에 관한 말씀에 "인류 구원"만 있지 않다.

"피조물이 고대하는 바는 하나님의 아들들이 나타나는 것이니"(롬 8:19).

"피조물이 다 이제까지 함께 탄식하며 함께 고통을 겪고 있는 것을 우리가 아느니라"(롬 8:22).

우리도 피조물 중 하나일 뿐이다. 주님의 구원은 모든 피조 세계를 포함하는 것이 맞다. 그렇다면 우리는 그 사실을 후대에게 전심으로 교육해야 한다.

자녀와 함께 기도하자. 우리 가족의 구원과 더불어 온 피조 세계의 구원을 위해. 이웃의 아픔을 위해 기도하면서 환경을 위해 기도하자. 어려운 이들을 위해 구제헌금을 아이들과 같이 준비하면서 자연보호를 위해 쓸 재정을 준비하자. 서로 사랑하자! 라는 말에 이웃과 더불어 자연이 반드시 포함된다는 것을 아이들에게 알리자.

겉치레여도 좋다. 주님의 명령에 달려 나가자.

부모 미션

1) 우리 집이 아닌, 남들이 지나다니다가 볼만한 장소에 예쁜 꽃 한 송이를 심어보자. 그 모습을 보며 함께 기뻐할 사람들을 상상해보자.

2) 경쟁이어도 좋다. 아이들과 쓰레기 분리수거 시합을 해보자. 함께 잘해나갔을 때 그에 맞는 보상을 챙겨주자.

3) 성경 속 신음하는 자연들의 모습(노아 사건의 동물들, 출애굽 사건의 말들처럼)을 찾아보자.

기도문

모든 만물의 창조주이신 하나님 아버지,
우리를 피조물 중에 하나로 지으시고
주님의 세계 안에 거하게 하시니 감사합니다.

우리 가정을 거룩한 피조 세계의 청지기로 삼아주셨음을
기억하겠습니다.
비록 부족하여 모든 것을 완벽하게 할 수는 없지만
최선을 다해 하나님의 피조물들을 보호하고 살리기에
힘쓰게 하여 주옵소서.

나 혼자, 인류끼리만 잘 사는 인생이 아니라,
모든 피조물이 구원받는 마지막 날을 떠올릴 수 있기를 소망합니다.
작은 습관부터 주님을 사랑하는 마음으로
피조물을 사랑하게 하여 주옵소서.

소비 습관, 경제 습관, 식습관을 조금씩이나마 바꿔나가게 하시고
믿음과 실천이 함께 나아가게 도와주옵소서.
예수님의 이름으로 기도합니다. 아멘.

11
스토리

 인성초등학교에서 성경 수업을 하면서 가장 많이 사용했던 나만의 교육 방법이 있다. 그것은 바로 '상황극'이다.

 TV 버라이어티(variety) 프로그램을 보면 갑자기 어느 주제가 등장했을 때 대본에 없는 내용으로 상황극이 진행되는 것을 보게 된다. 대본도 주어지지 않았는데, 짧은 상황에 몰입되어 이야기를 끌어가게 되고 시청자로 하여금 재미를 주게 된다. 사람들은 상황극에 열광한다. 크게는 연극, 스토리에 열광하게 된다. 유튜브에서도 수많은 스케치코미디 채널들이 큰 인기를 끈다. 본캐(main character)와 다른 '부캐(sub character)'들로 컨셉을 가지고 등장하여 여러 이야기들을 만들어내고 사람들의 공감을 사며 재미를 선사한다. 시청자들은 '맞아! 나도 저 상황 있었지!'라고 생각하며 맞장구를 치기도 하고, 이미 지나가 버린 시대를 되돌아가 그 시대를 그려냄을 통해 시청자들에게 즐거움을 선사한다. 과거로의 타임머신 역할을 해 내는 것이다.

 어느 누가 그러한 상황극 영상을 볼 때 억지로, 강제로 보라고 해서 보겠는가? 재미있으니까 본다. 이야기는 사람으로 하여금 현실을 잊고 다른 세상 속으로 빠져들게 만들고 몰입하게 만든다. 그렇다고 내가 살아가는 현실과 별개가 아니라, 현실에도 깨달음을 전달하며 추억하게 하고 반응하게 만들기까지 한다.

사실 기독교 교육에서도 이와 같은 방식을 사용하는 기독교 교육 방법이 있다. '비블리오 드라마(biblio drama)'라고 하는 방식이다. 성경 이야기를 눈으로, 지식적으로 읽는 것이 아니라 몸으로 표현하고 따라 하고 내가 그 인물이나 물건이 되어서 체험해보는 활동이라고 할 수 있다. 그냥 눈으로 읽었을 때는 깨닫지 못했던 부분을 깨달을 수 있다. 성경에 그냥 쉽게 지나갈 법한 행간의 의미를 돌아보게도 되고 '나라면 어땠을까?'라는 적용까지 하게 되는 큰 장점이 있는 교육 방법이다.

물론 내가 초등학교에서 했던 상황극 수업은 '비블리오 드라마'라는 이름을 붙일 정도로 진지하거나 깊이가 있지는 않다. 하지만 아이들이 성경의 일부분이 되어보면서 아이들은 성경을 새로이 들여다보게 되고 기쁨을 느낄 수 있었다. 그리고 가끔은 황당하고 재미있는 일들도 벌어진다.

한 번은 누가복음 15장에 등장하는 모두가 잘 아는 돌아온 탕자 이야기를 아이들과 나누게 되었다. 그리고 상황극을 시작했다. 이야기 자체에는 크게 흥미를 못 느끼던 아이들이 등장인물을 뽑으려 하니 조금 관심을 갖기 시작했다. 아버지 역할을 할 사람, 큰아들 역할을 할 사람, 작은아들 역할을 할 사람…그리고 그다음부터 아이들이 흥분하기 시작했다.

송아지 역할을 할 사람, 돼지 역할을 할 사람, 송아지를 잡는 종 역할을 할 사람, 돼지 쥐엄 열매 역할을 할 사람!

보통 연극을 하면 모두가 주인공 배역을 하고 싶어하지 않는가? 그러나 이 상황극은 다르다. 주인공에는 관심이 적다. 희안하게 다들 돼지를 하고 싶어 하고 돼지 주엄 열매를 하고 싶어 한다. 성경에서 그냥 지나칠 법한 단어나 물건이 상황극에 등장하는 것 자체가 웃긴 것이다.

그리고 수업 진행자인 나는 치열한 경쟁률(?)을 뚫고 등장인물로 뽑힌 아이들에게 간단한 지시어만 던지기 시작한다. 모든 동작과 행동은 아이들에게 맡기기 시작한다.

이야기를 진행하다 보면 의외의 돌발 행동이 등장한다. 원래 성경 이야기와 조금 다른(?) 방향으로 흘러가기도 한다.

돼지 쥐엄 열매를 겨우 먹어야 하는 둘째 아들이 돼지 곁에 있던 쥐엄 열매는 먹지 않고 돼지 역할을 맡은 아이를 잡아먹는 시늉을 한다. "아! 삼겹살이 최고네!"라는 추임새까지 던진다. 모든 아이들이 깔깔대고 웃는다.

난 잠시 이야기를 멈추고 말한다. 이스라엘 사람들은 돼지고기를 먹지 않았었단다... 부터 시작하여 잠시 여러 성경의 문화 배경을 설명할 기회를 얻게 되고 아이들은 유의 깊게 듣는다.

"만약 예수님이 한국에서 태어나셔서 이 말씀을 하셨더라면 이야기가 이렇게 흘러갔겠다!"라는 이야기를 해주니 아이들이 즐거워한다.

다시 돌아와 이야기를 진행한다. "둘째 아들이 큰 결심을 하고 아버지에게로 돌아옵니다. 아버지는 둘째 아들을 발견합니다. 그리고...아들에게 어떻게 할까요?"

아버지 역할을 맡은 아이가 둘째를 발견하고 달려가 등짝 스매싱(?)을 날린다. 니킥(knee kick)도 날린다. (물론 살짝 장난으로)

그리고 말한다. "이놈의 자식아! 내가 얼마나 기다렸는지 아니! 으이구 이런 사고뭉치!! 어서 후딱 들어가!"

성경에 이런 내용은 없다. 그렇다고 이단은 아니다. 이 아이는 자신이 탕자였다가 돌아온다면 자기 아빠가 그렇게 대할 것이라고 상상한 것이다. 성경처럼 입 맞추고 가락지를 끼워주는 것만이 사랑이 아니라, 그렇게 편하게 대하며 훈계하는 것이 사랑이라고 아이는 생각한 것이다. 성경과 다른 방향으로 진행되었더니 그것을 구경하는 수많은 관객(아이들)이 웃는다.

그리고 아버지 역할을 맡은 아이가 종 역할을 맡은 아이에게 스테이크를 만들어 오라고 명령한다. 그렇게 명령을 받은 종은 소에게 다가가는데, 소 역할을 맡은 아이가 난데없이 스토리와 다르게 달려가 뿔로 종을 들이받는다. 모든 아이들이 깔깔대고 웃는다.

나는 이야기를 잠시 멈추고 소의 인터뷰를 시작한다. "저기요 송아지 씨, 이야기랑 좀 다른 것 같은데 왜 이런 일을 하셨습니까?" 그러자 마냥 장난처럼 행동했던 아이가 대답한다.

"둘째가 돌아왔다고 뜬금없이 제가 죽는 것은 좀 억울하잖아요. 일단 살려고 반항이라도 해봤어요." 그렇다. 우리가 본문에서 그냥 지나칠 수 있는 부분을 소가 된 아이는 소의 마음까지도 헤아릴 수 있는 것이다. 이야기를 조용히 듣던 나는 마음속으로 '이거 설교 한 편 나오겠는데? 억울한 죽음을 당하고 잔치를 베푸는 소가 예수님이랑도 연결되겠는데…?' (직업병이다..)

이야기가 산으로 간 것 같다. 그런데 놀랍게도 산으로 간 이야기 속에도 하나님은 계셨다. 아이들은 그 이야기 속에서 장난처럼 지나갔지만 다시 받아주시는 하나님은 명확히 기억하게 되었다. 내가 놓치고 지나간 세세한 부분도 들여다보게 되었다. 이 역할을 맡았던 아이들은 한 주가 지나고 한 달이 지나도 자신이 맡았던 역할의 인물이

나 물건은 잊지 못하게 된다. 이것이 이야기 속으로 들어가 참여하게 되었을 때의 힘이다.

물론 이렇게 엉망으로 수업을 마치지는 않는다. 성경과 다르게 흘러갔던 점은 무엇인지 정확히 짚어주고, 아이들의 인터뷰를 다시 진행하며 은혜로운 소감(?)도 듣고, 이와 비슷했던 경험을 다시금 나누게 된다.

아이들에게 이래라 저래라 경건스러운 명령을 내리지는 않았다. 하지만 아이들은 하나님과 한 걸음 더 다가갈 수 있게 된다.

오늘 우리는 이렇게 강력한 하나님의 이야기에 아이들을 참여시키려 하기보다는 이야기를 분리하여 교훈을 주입시키려 하는 실수, 이야기의 재료만 달달 외우게 하려는 실수를 범하고는 한다. 하나님의 역사는 글자에 있지 않고 이야기에 있고, 보이지 않는 자간과 행간에 있다.

다음 세대 사역자의 큰 사명 중 하나는 이 자간과 행간의 공간에 아이들을 참여시키는 일이다. 또한 머리를 넘어 몸으로 체득시키는 일을 더 많이 벌이는 것이지 않을까 싶다.

부모님 또한 좋은 신앙 습관을 가르치는 것을 넘어서서 더 많은 하나님의 이야기를 소개해주고 들려주고 같이 나누는 것에 힘써야 한다. 우리의 자녀들이 말씀의 행간에 들어올 때 주님의 스토리를 써

나가는 아이들이 될 수 있다.

아들의 '스토리'

아들이 네 살 때 '쁘띠 프랑스'라고 하는 관광지에 간 적이 있다. 가서 이곳저곳 관람을 하는데 정해진 시간에 인형극을 한다는 것이었다. 인형극의 제목은 그림 형제의 '빨간 모자'였다. 늑대 한 마리가 나타나 할머니를 잡아먹게 되고 빨간 모자를 쓴 손녀도 잡아먹히고 사냥꾼이 나타나 늑대의 배를 가르고 그 둘을 구하며 살아나는 이야기였다. 전체관람 가 (可) 등급이었고 인형극이니 잔인할 리가 없다는 생각에 아이와 함께 자리를 잡았다.

아주 유쾌한 음악과 함께 이야기가 시작되었다. 그런데 예상치 못한 일이 벌어졌다. 그냥 인형일 뿐인데.. 귀엽게 생긴 늑대 인형이 입을 벌려서 할머니 인형을 꿀꺽 삼켰다. 그리고 그와 동시에 아이는 경악을 하며 '대성통곡'을 하기 시작했다. 그리고 네 살의 어눌한 발음으로 외치기 시작했다. "하무니 뱉어내!!! 먹지 마!!! 엉엉엉!!!" 같이 인형극을 보던 사람들이 모두 깔깔대고 웃기 시작했다. 심지어 인형극을 진행하던 인형사들 조차도 그 소리를 들었는지 인형이 심하게 흔들리기(?) 시작했다. 나도 처음에 너무 웃겨서 함께 웃었다. 그런데 아이의 표정은 그러지 않았다. 다들 왜 웃냐는 표정이었다.

이 공포스럽고 경악스러운 상황에 왜 웃는지, 저 할머니가 불쌍하지도 않은지 진심으로 두려움에 떠는 모습이었다. 결국 울음을 그치지 않기에 달래고 달래다 아이가 두려워하는 모습에 공연장 밖으로 나갈 수 밖에 없었다.

아이스크림을 사주며 달래고 달래서 잘 멈출 수 있었지만 그날 밤 곰곰이 생각에 잠겼다. 오늘 아이에게는 큰 충격이었겠다는 것이다. 아이는 스토리에 방관자나 관람자로 있었던 것이 아니다. 진짜로 이야기 속으로 들어갔던 것이고, 아이가 보았던 것은 인형이 아니라 진짜 늑대 한 마리와 자기가 사랑하던 할머니였던 것이다. 진정한 몰입을 통해 아이는 진짜 이야기에 들어갔던 것이다. 인형이 등장한다고 전체관람 가(可)가 아니라, 아이에게는 오늘 충격적인 살인사건 19금(만 19세 미만은 금지)을 목격했던 것이다.

이 모습을 통해 우리 부모 세대에게 주는 시사점이 있다. 오늘의 우리는 예수님의 이야기에 얼마나 몰입하고 있는 삶을 사는가이다. '그냥 옛날 일', '믿고 감사하기는 하지만 거기까지..'의 삶을 살고 있지는 않는가? 예수님의 삶의 이야기는 오늘 우리의 삶에서 다시 되살아나야 한다. 예수님의 이야기는 전체관람가 인형극이 아니다. 지금도 매일 죄를 짓고, 매일 넘어지는 우리의 삶 속에 여전히 벌어지고 있는 리얼리티 논픽션 실시간 드라마라는 사실을 인식해야 한다.

나 자신이 예수 그리스도의 이야기를 인형극으로 바라보면서 어떻게 내 자녀에게 예수를 전하겠는가. 나 자신이 옛날 머나먼 전래동화로 받아들이면서 어떻게 오늘을 승리할 수 있겠는가? 믿는 신앙의 부모는 더더욱 성서의 이야기에 몰입해야 한다. 내가 몰입해야만 내 자녀가 몰입하게 된다. 스토리 몰입 없이는 껍데기 종교행위 밖에 되지 않는다는 점을 기억하며 우리는 매일 스토리에 빠져 지내야 한다.

중국 고대 철학자 장자의 '호접몽'이라는 이야기가 있다. 장자가 잠을 자다가 나비 꿈을 꾸는데 꿈이 너무 현실적이어서 꿈에서 깬 다음에 생각하게 된다. '내가 나비인가, 사람인가?' 나비가 사람 꿈을 꾸고 있는 것인지, 사람이 나비 꿈을 꾼 것인지 헷갈린다는 이야기이다.

우리는 매일 예수님의 이야기에 푹 빠져서 성서 속 복음의 이야기가 지금 내 삶인지, 지금 현실이 내 삶인지 고민해야할 정도로 몰입해야 한다. 내가 먼저 일상의 삶 속에서 예수를 기억하고 묵상할 때 내 자녀에게도 예수의 이야기가 흘러가게 됨을 기억하자. 일상의 삶 속에서도 책 속에 예수님이 아닌, 지금 이 순간에도 보이지 않지만 당연히, 늘 함께하시는 예수님을 언급하고 함께 지내는 것처럼 살아갈 때 예수님은 존재를 고민할 존재가 아니라, 실존이 된다.

성경 속 '이야기'

성경이 있다는 것 자체가 하나님은 이야기꾼이라는 것을 증명한다. 인간에게 이야기하기를 원하시고 이야기에 참여하기를 원하신다. 사람은 지어낼 수 없는 참신하고 완벽하고 멋진 이야기들을 지으셨다. 세상을 창조한 이야기, 한 평범한 가족을 불러 믿음의 가정을 세대를 건너가며 만들어가시는 이야기, 억압받는 백성들을 애굽에서 불러내어 나라다운 나라로 만들어가시는 이야기, 수많은 사사와 왕들의 이야기. 하나님은 이야기를 통해 존재하시고 이야기를 통해 사람을 이끄시며 이야기를 통해 무너진 우리의 삶을 살리신다.

그리고 그의 아들 예수 그리스도는 이러한 하나님의 이야기꾼 속성을 그대로 닮으셨다. 이 땅에 찾아오신 그의 삶 자체가 유일한 이야기이셨고, 수많은 사람들을 만나시며 이야기를 만들어 내시고, 또 이야기를 들려주셨다. 그리고 그 이야기는 어려운 이야기, 이해할 수 없는 뜬구름 잡는 이야기가 아닌 가장 알아듣기 쉬운 언어로 그들의 삶의 현장에 있는 실물과 문화와 인물들에 빗대어 비유로 풀어주셨다.

하나님 나라에 대해 전하실 때 장황하게 설명문과 논설문으로 말씀하지 않으시고 밭에 감추인 보화 이야기를 들려주셨다. 잃은 자를 찾고자 하시는 그 애타는 마음을 딱딱하게 말씀하지 않으시고 탕자의 비유를 들려주셨고, 진짜 이웃이 무엇인지에 대해서는 분석하며 논문을 쓰지 않으시고 선한 사마리아인 이야기를 들려주셨다. 우리의 인생의 자세를 알려주실 때에는 준비 부족에 대해 지적하고 명령하기 이전에 기름을 준비하는 열 명의 처녀 이야기를 들려주실 뿐이다. 간절한 기도에 대해 알려 주실 때에는 불의한 재판관 이야기를 하시면서 불의한 재판관도 간절히 매일 귀찮게 하며 기도하면 들어주는데 하물며 하나님은 어떠하시겠냐는 재미난 이야기로 사람들을 기도하도록 하신다.

하나님이 그 아들에게 이야기의 능력을 주셨던 것처럼, 주의 자녀 된 우리들 또한 그 이야기의 능력을 이어받았다. 이야기를 재미있게 '잘하고 못하고'의 문제가 아니라, 이야기를 이해할 수 있고 전할 수 있는 능력은 모두에게 주셨다. 남의 이야기는 남이 잘하겠지만, 내가 겪고 경험한 내 이야기는 그 누구보다 내가 잘 할 수 있다. 왜냐하면 보고 겪은 것이 나이기 때문이다.

우리는 우리의 자녀에게 우리의 이야기를 들려주어야 한다. 머나먼 이야기도 좋지만 내가 만난 예수님의 이야기를 들려주고, 내 삶 속의 신앙 고민 이야기를 들려주고, 예수로 인해 변한 이야기, 예수님 덕분에 기뻤던 이야기를 들려주어야 한다.

아이들을 예배하는 자녀로 키우고 싶다면 강압적으로 예배를 강요하기 이전에 내가 제일 행복하고 감동했던 예배에 대한 '썰'을 들려주어야 한다. 기도하게 하고 싶다면 기도를 통해 응답받았던 놀라운 이야기, 위로를 받고 힘을 얻었던 이야기를 들려주면 된다. 찬양을 가깝게 하도록 만들어주고 싶다면 여러 찬양들이 만들어지게 된 배경 이야기를 들려주어야 한다.

예를 들면 아이들이 고리타분하다고 생각하는 옛날 찬송가를 많이 들려주기도 하겠지만 어떤 배경에서 만들어졌는지를 들려주어야 한다.

"예수로 나의 구주 삼고" "인애하신 구세주여" "구주 예수 의지함이" 이런 찬송가가 생후 6주에 잘못된 치료로 눈이 멀게 되고 평생 앞을 보지 못했던 한 여인의 고백이라는 사실을 들려주어야 한다. 그녀의 보지 못하는 어두운 현실 가운데 찬양은 빛과 같은 존재였고 그녀는 보지 못하는 사람보다 더 밝히 보는 삶을 살았다는 이야기를 들려줄 필요가 있다. 보지만 어둠 속에서 살아가는 이들보다 더 많은 고아와 이웃을 섬겼고, 찬송가를 통해 받은 인세를 주변을 위해 사용했다는 이야기는 아이들에게 찬송가가 달리 보이게 하는 이야기가 된다. 그녀는 고백한다.

"내가 만약 눈을 볼 수 있게 된다면, 가장 먼저 보고 싶은 것은 나를 위해 죽으신 예수님의 얼굴을 보는 것입니다."

이러한 그녀의 고백 위에 탄생한 수많은 찬송가는 오늘도 사라지지 않고 여전히 예배 가운데 울려 퍼지며 이야기가 되어 사용됨을 아이들에게 들려주어야 한다. 세상 노래만 들으면 안 된다! 라고 아이들에게 백번 떠들기보다는 이 이야기를 한 번 들려주는 것이 더 낫다.

우리는 자녀의 신앙교육을 위해 들려줄 이야기와 데이터가 너무나 많은데 이야기는 뒤에 치워두고 명령만 내리고 있는 실수를 범한다.
(나도 집에서 자꾸 이야기보다는 명령과 지식 단답형으로 가는 실수를 범한다)

아이들에게 한 마디를 건넬 때에도 우리는 이야기꾼이 되어 이것을 이야기로 바꾸면 무슨 이야기를 할 수 있을까? 고민해야 한다. 부모도, 교회학교 교사도, 교회학교 교역자도 이 고민을 함께 하며 나아가야 한다.

오늘날에는 참 친절한 시대다. AI라는 훌륭한 도구가 우리에게 있지 않은가?
"아이에게 하고 싶은 말을 재미있는 이야기로 만들어줘." "이 상황에 맞는 적합한 이야기를 찾아줘" 한마디만 입력하면 친절히 알려준다. 그 정도의 수고도 하지 않고 어찌 아이들의 마음을 변화시킬 수 있으랴.

오늘부터 우리 모두 이야기꾼이 되어 보자.

부모 미션

1) 성경에서 그냥 지나칠 법한 '물건'들을 찾아보자. 이야기 속에서 그 물건들의 마음이 어떠할지 이야기를 나눠보자. (ex: 예수님이 겟세마네에서 기도하실 때 기름틀, 다윗의 물매, 베드로의 그물, 예수님이 죽으실 때 덮였던 세마포 등)

2) 아이가 제일 좋아하는 이야기(애니메이션, 영화, 유튜브 등)가 무엇인지 물어보고 좋아하는 이유를 들어보자.

3) 부모의 여러 신앙 이야기들(제일 좋았던 예배, 제일 고마웠던 신앙의 멘토와 있었던 이야기, 할머니 할아버지의 신앙이야기 등)을 들려주자.

4) 우리 가족 신앙 일기를 써 보자. 내가 주인공인 시점이 아닌, 하나님이 주인공인 시점으로 일기를 써 보라. (ex: 오늘 진유네 가족이 차를 타고 놀러 가는데, 몰래 옆자리에 앉았다. 아빠가 피곤해하길래 졸리지 않게 잠을 깨워줬다. 내가 도와준 지 꿈에도 모르겠지?)

기도문

우리를 위하여 늘 말씀해주시고 인도해주시는 하나님 아버지,
당신의 은혜에 감사합니다.

우리에게 늘 이야기를 들려주시고 말씀이라는
최고의 선물을 주셨음에도 그것에 더욱 몰입하지 못하고
세상의 이야기에만 귀 기울이는 우리의 모습이 있음을 돌아봅니다.
용서하시고 주님께 더욱 집중토록 하여 주옵소서.

우리의 이야기가 주님의 이야기와 하나 되기를 소망합니다.
또한 우리 자녀의 이야기가 주님이 쓰시는 이야기가 되기를
간절히 원하오니 인도하여 주옵소서.
부족하나마 당신의 이야기를 더 많이 말하며,
소중히 여기는 삶을 살기를 원합니다.
우리의 이야기 속에 임재하여 주시옵소서.
모든 역사를 주관하시고 쓰신 하나님,
우리 가족의 역사를 주께 맡기며 나아갑니다.
예수님의 이름으로 기도드립니다. 아멘.

12
질문

　기독교학교(미션스쿨)는 교회가 아니다. 100퍼센트 기독교인으로 구성되어 있지 않고 믿지 않는 부모들도 아이들을 학교에 보내게 된다. 6년간 근무했던 인성초등학교의 경우 매년 똑같지는 않지만 매해 자체 조사한 결과 대략 50퍼센트 정도의 아이들은 기독교인, 나머지 절반은 비기독교인으로 입학하게 된다. 그러다 보니 신앙의 수준이 천차만별이고 교회에서는 나오지 않는 재밌는 질문들이 수업시간에 터져 나온다. 그렇게 황당한 질문들이 이어지다 보니 잔뼈가 굵은⁽?⁾ 나름 모태신앙 10년 차가 다 되어가는 기독교인 아이들조차도 교회에서는 묻지 않을만한 '발칙한'질문, '믿음 없어 보이는 질문'을 과감하게 던진다.

　아이들과 수업하면서 나만의 교실 철학이 있었다. 최선을 다해 수업 준비를 해 가지만 준비한 것을 다 전하지 못할지라도 당장에 터져 나온 질문은 그냥 넘어가지 않겠다는 것이었다. 왜냐하면 교회를 다니지 않는 아이들은 이곳이 아니면 질문 해결을 받지 못하게 된다. 기억했다가 집에 가서 인터넷에 물을 열정까지는 없을 테고, 인터넷에 너무나 많은 이단들의 사이트와 잘못된 정보다 많기에 위험했다. 또 부모도 교회에 다니지 않고 물어볼 전도사님도 없기 때문이다. 믿는 아이들이라 할지라도 교회에서 일방적 설교와 공과공부를 하는 일이 다반사인 것을 알기에(사역자가 나빠서가 아니라, 현재 한국교회 교회학교의 구조가 질문의 틈을 별로 주지 않는다) 교실에서 반드시 해결해 주어야 한다고 생각했다.

6년간 너무 많은 질문을 들어서 다 기억하지는 못하지만 몇몇 질문들은 아직도 기억이 난다. 우리는 그냥 지나갔던 부분들이다. 한 1학년의 질문이었다.

"예수님 성씨는 뭐예요?"

그 질문을 듣고 순간 잔머리를 굴렸다.

"얘야, 예수님은 한국식 이름이고 영어식으로 하면 지저스야. 그러니까 지 씨일걸?"

요새 아이들은 수준이 높아서 아무도 웃어주지 않고 교실은 썰렁해졌다.

분위기를 수습하기 위해 답변을 제대로 해결해 주기 시작했다.

"좋은 질문이에요. 우리와 다른 당시 이스라엘 문화와 가족을 이해하는데 매우 중요한 질문이네요.

히브리 사람들은 성씨가 없었어요. 대신에 출신 지역의 이름을 붙이거나 아버지 이름과 함께 사용하여 자기를 밝혔어요. 이스라엘 사람들은 내 부모가 누구인가를 중요시 여겼고, 같이 살아야 하는 지역을 중요하게 생각했어요."

이 이야기를 하면서 아이들에게 말한다. "성경식으로 하면 난 황예찬 목사님이 아니라, "신포동 예찬", 혹은 "(황)해남의 아들 예찬"이라고 불러야 한단다. 너희들의 성경식 이름은 뭐니?

그날 하루 동안은 아이들이 자기의 성씨는 떼어버리고 각자 동네를 말하기 시작한다. "나는 청라 ○○야" "나는 송도 ○○"야. 우리 아빠 이름은 말야~

별것 아닌 질문 하나로 아이들은 그날 종일 성경 놀이를 시작하게 되었다. 그리고 이후로도 아이들은 성경을 펼쳐 이름을 보면서 어느 동네 사람인지, 누구의 자녀인지를 눈여겨보는 안목을 가지게 되었다. 질문의 순기능이라고 할 수 있다.

고학년은 조금 더 어렵고 고차원적인 질문을 한다. 과학과 종교가 부딪히는 지점에 대해 질문을 하기도 하고 왜 하나님이 계시는데도 불구하고 세상 가운데 수많은 재앙이 등장하고 하나님의 부재와 침묵이 느껴지는 것 같은 일들이 있는지에 대해 묻기도 한다. 교회에서 어른들도 맘 편히 던지지 못하는 질문들을 아이들은 교실에서 과감히 던진다.

내가 대단한 신학자도 아니고, 지식의 끈도 짧기에 모든 대답을 시원하고 완벽하게 해줄 수는 없었다. 하지만 잘 적어두었다가 다음 시간에 해결하게 될지라도 성심성의껏 책을 찾아보며 조사하고 공부하고 정답이 없는 질문도 여러 학자들의 견해를 아이들의 언어로 준비해서 반드시 들려주려고 애썼다.

어쩌면 해주었던 대답들 중 교회에서는 편하게 답하지 못할만한 내용도 종종 있었다. 학교이기에 조금 더 과감하게 들려주고는 했다. 그런데 놀라운 사실은 어쩌면 '발칙한' 대답을 들었던 아이들이 믿음에서 멀어지는 것이 아니라, 시원함을 얻었다는 것이었다.

또 시원한 답을 듣지 못한 경우일지라도 아이들은 함께 고민해주고 이야기를 나눈 내게 고마워하며 그 질문을 마음에 품고 더 고민하기 위해 돌아가기도 했다.

기독교 교육은 무엇일까? 물론 교회의 전통과 알려주어야 하는 지식과 교리를 전하는 것도 교육에 반드시 포함되어야 한다. 하지만 주는 행위만이 교육은 아니라고 생각한다. 해결되지 않는 갈급함과 질문, 그들의 물음표를 느낌표로 바꾸어 주는 것까지 나아갈 때에 참

교육이 된다.

교회에서도 더 많은 질문 시간을 만들어야 한다. 성경학교나 수련회에서 간혹 무엇이든 물어보세요 시간을 갖는 것을 보게 된다. 좋다. 하지만 특별한 시간이 아닌, 아이들의 일상에서, 매주일 교회에서 편하게 질문하는 문화가 잡혀가는 교회학교가 되어야 아이들은 더욱 굳건한 신앙을 갖게 될 것이다.

가정에서도 다르지 않다. 자녀의 신앙교육은 무언가를 주입하는 일이 아니다. 아이들이 질문을 가질 수 있도록 돕고, 가지고 온 질문을 아무리 발칙하고 불경건할지라도 편하게 떠들 수 있는 자리를 만들어주는 자리가 되어야 한다.

예수님도 마태복음 7장 7절에서 말씀하셨다.

"구하라 그리하면 너희에게 주실 것이요 찾으라 그리하면 찾아낼 것이요 두드리라 그리하면 너희에게 열릴 것이니."

'구하라'는 영어 성경에 Ask(묻다)로 되어있다. 질문하는 아이에게 하나님은 은혜를 선물로 주신다. '찾으라'는 Seek로 되어 있다. 질문에 대한 해답을 찾아낸 아이는 하나님 나라를 찾게 된다. '두드리라'는 Knock로 되어 있다. 궁금증을 가지고 하나님께 두드리는 아이들에게 천국 문이 열린다.

우리 자녀들이 더 많은 질문으로 구하고 찾고 두드리게 만드는 것이 오늘 우리의 교육 사명이다.

생활 속 질문

AI 시대가 다가왔다. 아니 이미 그 시대의 한복판을 지나가고 있다. 이전보다 많은 정보들을 너무나 손쉽게 얻을 수 있는 시대가 되었다. 원하는 정보를 얻으려고 힘들게 검색 결과를 찾고 따로 뉴스 기사와 논문을 찾을 필요가 없어졌다. ChatGPT가 나와서 놀라워하기에도 잠시, 수많은 또다른 AI들이 나왔고 이제는 너무나도 자연스럽게 사역을 하는 현장 속에서도 하루에도 몇 번씩 AI들에게 질문을 던지고 명령어를 입력하게 되었다. 그리고 빠른 답변을 얻고 여러 불필요한 시간들을 줄이는 도움도 얻게 되었다.

전문가들의 말에 의하면 앞으로는 '질문'을 잘하는 사람이 살아남는다고 한다. 같은 AI를 사용할지라도 어떻게 질문하느냐에 따라 다른 결과물이 나온다. 요새 주변을 보면 AI에게 질문을 잘하는 방법에 대한 사역 세미나와 책들도 등장한다.

그런데 최근에 이렇게 커다란 존재에게 묻고 답하는 과정을 보면서 문득 어디서 많이 본 모습인데? 라는 생각이 들었다.

사실 인류는 이전에도 계속 묻고 답했다. 교회도 묻고 답했고 한 개인의 신앙인도 묻고 답했다. 그렇다. 인류는 처음부터 하나님께 묻고 하나님의 답을 들어왔다. 우리보다 더 잘 아시는 하나님께 물음표를 던지면, 온 세상을 지으신 만왕의 왕 하나님께서 느낌표를 허락하셨었다. 물으면 승리하는 역사였고, 묻지 않고 움직이면 패배하는 역사였다.

AI를 잘 사용해야 하고, 그에 대한 질문의 능력을 키워야 하는 것이 요즘 시대가 요구하는 것이지만 우리는 잊지 않아야 한다. 변치 않는 인류의 질문 루트를 빠뜨리지 않고 기억하는 것이다.

우리의 진짜 영원한 인생의 해답은 오직 여호와 하나님으로부터만 얻을 수 있다. 오늘날 AI에게 던지는 질문 능력을 키워가야 하는 것만큼, 아니 그 이상으로 우리는 빠뜨리지 않고 하나님께 묻는 일에 소홀해서는 안 된다. AI에게 묻는 능력보다 기도의 능력, 하나님께 올리는 질문의 능력은 더욱 중요하다. AI에게 좋은 질문을 던지는 자가 세상에서 살아남기 좋은 것처럼, 하나님께 좋은 기도를 드리는 자가 하나님 나라를 살아내기 좋다.

우리는 우리 자녀들에게 가르쳐야 한다. AI에게 질문하는 것보다, 세상의 지혜 있는 선배들에게 질문하는 것보다 하나님께 질문하는 습관을 갖도록 가르쳐야 한다. 이런 것까지 물어야 하나? 라는 그 모든 것까지도 먼저 묻는 습관을 가르쳐야 한다.

무엇을 물어야 할까? 어린아이들은 초보 질문부터 시작해야 한다. "내가 원하는 것을 주세요! 내가 갖고 싶은 게 뭔지 아세요?"라는 초보적인 질문부터 시작이다. 그리고 멈추지 않고 질문을 발전시켜, 예수님께서 하셨던 최고의 질문으로 나아가야 한다. 예수님은 아버지 하나님께 최후의 질문으로 이 질문을 던지셨다.

"나의 하나님, 나의 하나님, 어찌하여 나를 버리셨나이까?"

죽음 앞에서 예수님은 하나님께 질문한다.

그리고 답변을 받았다. (답변을 못 받지 않았나? 라고 생각할 수도 있다.) 그러나 예수님은 그 질문을 던지셨고 하나님으로부터 분명히 침묵이라는 답변을 들으셨다. 침묵이었지만 확실했다. '그냥 버리는 것이 아니다. 너를 많이 사랑한단다. 가슴이 찢어진단다. 네게 할 수 있는 말이 없구나. 그러나 네가 아니면 세상을 구할 수 없단다.'

주님은 침묵이었지만 그 답변을 들으셨을 것이다. 그렇기에 "다 이루었다"라는 선포를 하시고 마지막까지 십자가를 포기하지 않고 버틸 수 있었다.

우리의 자녀들이 주님의 질문을 배워가고 닮아갈 때, 우리 자녀들은 그 어떤 십자가도 견디는 삶을 살 수 있게 된다. 세상의 핍박과 혼돈 속에서도 흔들리지 않고 하나님 나라를 살아갈 수 있게 된다. 하나님의 침묵 같은 시대와 순간 속에서도 하나님의 뜻을 발견하는 자녀로 자라게 된다. 급박하게 변하는 시대의 흐름 속에서도 시대를 불문하고 절대자이신 하나님으로 인하여 승리할 수 있게 되는 것이다.

오늘부터다. 우리의 자녀들이 하나님께 질문하도록 하자. 부모가 먼저 질문하자.

"주님! 우리의 자녀들, 어디로 인도하실 것입니까? 어디든지 따라가겠습니다."

성경 속 질문

성경 속에도 질문을 던지는 여러 사람들이 등장한다. 그 중에서도 책 자체가 Q&A 형식을 띤 책도 있다. 바로 구약의 하박국서이다.

하바국 선지자는 질문한다.

Q1. "하나님! 왜 악인이 번성하고, 정의가 무너지는 것을 방관하십니까?"

그리고 하나님은 대답하신다.

A1. "내가 바벨론을 들어 악인을 심판할 것이다."

Q2. "그러면 하나님? 바벨론이 유다보다 더 못된 녀석들인데, 왜 하필 그들을 사용해서 심판하십니까?"

A2. "걱정 마라. 바벨론도 심판받을 것이다. 의인은 그의 믿음으로 말미암아 살 것이다. 온 땅이 여호와의 영광을 알게 될 날이 올 것이다.

Q3. "그렇군요. 다는 모르겠지만 환난이 와도 저는 하나님을 믿고 찬양하겠습니다. 비록 무화과 나뭇잎이 마르고 포도열매가 없고 외양간에 양이 없어도 여호와로 인해 기뻐하겠습니다."

A3. "그래. 나는 네 힘이 되어줄 것이다."

이렇게 하박국서를 읽어보면 질문과 답변의 과정을 거치면서 하박국의 심정이 변하고 의지가 변하고 삶이 변하는 모습을 살펴볼 수 있다. 불만 가득했던 하박국이 믿음으로 나아가게 되는 장면이 그려져 있다.

실은 하박국의 질문은 바로 오늘 지금 현재를 사는 우리의 질문이기도 하다. 그리고 우리 아이들의 질문이기도 하다.

"하나님, 교회에 안 다니는 애들이 왜 더 공부 잘해요?"
"못된 사람들이 세상에 이렇게나 많은데 하나님은 왜 그냥 두세요?"
"옆 짝꿍이 자꾸 힘들게 하는데 왜 하필 제 옆에 붙이셨어요?"

"하나님… 직장 상사 때문에 미치겠습니다." 등등… 예나 지금이나 똑같다.

그런데 중요한 것이 있다. 하나님이 '답변'을 해주신다는 점이다. 아직 하박국의 삶이, 백성의 삶이 회복되고 승리하고 이길만한 큰 무기와 군대를 얻지 않았다. 그러나 하박국은 아무것도 변한 것이 없는데 여호와로 말미암아 기쁘다고 고백한다.

해결해 주실 것이라 기쁜 것도 있지만, 그 무엇보다도 하나님이 답변을 해주신 것이 기쁜 것이다. 그냥 방관하지 않으실 것이라는 약속을 주신 것이 기쁘다.

"아직"이지만 "분명" 나서실 것이기 때문에 미리 기뻐할 수 있다.

"아직"이지만 하박국에게 "믿음"이 있기 때문에 버틸 수 있는 것이다.

하박국서가 있는 이유가 무엇일까? 단순히 과거 유다 백성의 회복을 알려주기 위해서 기록되고 지금까지 남아있는 것은 아닐 것이다.

오늘 우리에게도 이 Q&A 책이 주어진 이유는 하나님은 오늘도 답변하기 위해 기다리신다는 것을 보여주는 지표라고 할 수 있다. 지금의 세대, 그리고 우리의 믿음의 다음 세대가 물어오기를 기다리신다는 것이다. 하나님은 답변하고 싶어 애가 타시는 분이시다.

다음 세대에 대해 지금까지 긴 글을 썼다. 내가 무어라고 다음 세대에 대한 해법을 알겠는가. 더군다나 조무래기 목사인데 아는 것이 없다. 사람은 모른다. 우리는 할 수 있는 것이 없다.

다만 우리가 할 수 있는 단 한 가지, 하나님께 묻는 것이다. 그리고 하나님의 답변을 겸허히 기다리며 조금이나마 할 수 있는 것에 최선을 다하며 기다리는 것이지 않을까 싶다.

정말 다행이다. 다음 세대가 줄어간다고, 부흥이 끝났다고 하지만 끝나지 않은 것이 있다. 우리의 질문에 대한 하나님의 답변의 열정은 끝나지 않았다. 하박국서에서 말씀하셨듯이 하나님은 오늘 우리에게도 말씀하신다.

"그냥 두지 않을 거야. 다시 일어날 거야."
"오직 의인은 믿음으로 말미암아 사는 거야. 너희 자녀를 믿음으로 말미암아 살도록 가르쳐라."
"결국에는 믿음을 지킨 자들이 하나님의 영광의 날을 볼 것이다."
"나는 다음 세대를 신앙으로 양육하는 너희와 함께할 것이다. 힘이 되어주겠다."

우리는 다 모르지만 묻고 기다리면 된다. 그리고 자녀와 함께 외치면 된다.

"여호와로 말미암아 우리 가정은 기뻐하겠습니다."

부모 미션

1) 교회 전도사님 목사님을 괴롭혀보자(?) 아이들의 성경 질문들을 받아서 여쭈어보자. 그리고 부모님의 입으로 답을 들려주자.

2) 온 가족이 반드시 매일 모여 기도하자. 잠깐이라도 좋다. 자기 직전에라도 좋다. 반드시 하나님께 묻고 기도하며 그 시간은 사수하자.

기도문

우리의 기도에 늘 응답하시는 하나님 아버지,
오늘도 우리에게 귀를 기울여 주심에 감사합니다.

세상에게는 늘 묻고 따지면서 주님께는 그러하지 못했던 모습을
돌아보게 됩니다.
세상은 알려줄 수 없는 우리의 앞날을 전능하신 하나님께서는
아십니다.
날마다 주께 묻고 고민하며 그 응답대로 걸어 나가는
우리의 가정이 되게 하여 주시옵소서.

때로는 주님의 뜻에 의문이 가고 동의가 되지 않는 순간도
있습니다.
그러나 하박국 선지자처럼
오직 의인은 믿음으로 말미암아 살리라는 고백을 하며
여호와로 인해 기뻐하는, 세상이 아닌 주님으로 인해
기쁜 삶을 사는 우리 가정이 되게하여 주옵소서.
예수님의 이름으로 기도합니다. 아멘.

자녀 신앙교육 다 잇슈(Issue)

펴 낸 날	1판 1쇄 2025년 10월 31일
지 은 이	황예찬
펴 낸 이	이환호
편집디자인	민상기
펴 낸 곳	도서출판 예찬사
등 록	1979. 1. 16 제 2018-000103
주 소	경기도 고양시 덕양구 중앙로 557번길 8-9. 엠앤지프라자 407-2호
전 화	02-798-0147
팩 스	031-979-0145, 02-798-0145
블 러 그	blog.naver.com/yechansa
이메일	octo0691@naver.com
ISBN	978-89-7439-532-2 03230

*저자와 협약하여 인지를 생략합니다.
좋은 책은 좋은 사람을 만듭니다.
예찬사는 기독교 출판 실천윤리강령을 준수합니다.